Peter Henrici / Peter Wild
Entdeckung Gottes

Peter Henrici und Peter Wild

Entdeckung Gottes

Übungen aus dem religiösen Meditationsschatz
der Menschheit

Meditationskurs Band 3, Teil I

Kösel

Mit 25 Fotos von Andreas Hoffmann, Braunschweig

ISBN 3-466-20354-6

Kösel-Verlag GmbH & Co., München 1992
Lizenzausgabe mit freundlicher Genehmigung
der IPU Verlags-AG, Luzern
© 1991 IPU Verlags-AG, Luzern/Schweiz
Printed in Germany. Alle Rechte vorbehalten
Druck und Bindung: Kösel, Kempten
Umschlag: Elisabeth Petersen, Glonn, unter Verwendung
eines Fotos von Andreas Hoffmann, Braunschweig

1 2 3 4 5 6 · 97 96 95 94 93 92

Inhaltsverzeichnis

Meditation als Aufbruch

Der dritte Band unseres Meditationslehrgangs ist der religiösen Meditation gewidmet. In den Übungsreihen des ersten Teils werden Sie Schritt für Schritt in die religiöse Meditation eingeführt, und zwar in der Begegnung mit verschiedenen religiösen Traditionen.

Stärker noch als in den ersten zwei Bänden werden Sie die Übungen dieses Bandes einladen, über die einzelne Meditationsübung hinaus an Ihrem Leben zu arbeiten. Vielleicht erleben Sie das zeitweise auch als Herausforderung oder als Zwang. Wie auch immer, lassen Sie es zu, daß Ihnen die Erfahrungen, die Sie in der Meditation machen dürfen, Impuls zum Aufbruch sind. Wir meinen hier das Wort Aufbruch in seiner doppelten Bedeutung: Ihre Vorstellungen, Ihre Lebensrezepte, Ihr religiöses oder nicht-religiöses Weltbild kann aufgebrochen werden; aber auch: Sie selber brechen auf und haben sich erneut auf den Weg zu machen. Lassen Sie auch solche Erwartungen zu, wenn sie sich melden, – ohne Angst und ohne Hast.

Sie stehen am Beginn des dritten Bandes eines Meditationslehrgangs, d.h. wir setzen voraus, daß Sie sich über längere Zeit bereits mit dem Übungsmaterial von Band 1 und Band 2 auseinandergesetzt haben und mit der Meditationsmethode vertraut sind. Sollte dies nicht der Fall sein, bitten wir Sie in Ihrem eigenen Interesse, nicht direkt in diesen Band einzusteigen, auch wenn Sie sich vor allem für religiöse Meditation interessieren.

Da es sich um einen Lehrgang handelt, ist das Buch für eine bloße Lektüre nicht geeignet; es muß Sie enttäuschen, da viele philosophische und theologische Fragen nicht zur Sprache kommen. Wir zielen keine theologische Aktualität oder Brisanz an und bieten keine endgültigen Antworten. Das Buch hat den Charakter eines Reiseführers, es will zur Reise anregen, kann aber nie die Reise ersetzen. In dem, was sich vor und während Ihrem Aufbruch in der Meditation ereignet, findet dieses Buch sein Ziel, aber auch seine Begründung.

Zur Erinnerung:
Zehn Regeln der Meditation

Halten Sie sich bei jeder Meditation an die selben Grundschritte. Sie helfen Ihnen, zur Ruhe zu kommen und sich in der inneren Stille zu entfalten.

1. Nehmen Sie Ihren Körper und Ihre Sitzhaltung wahr, indem Sie sich in den Körper einspüren: die Handflächen, die Hände, die Arme, die Schultern; die Fußsohlen, die Füße, die Beine, den Beckenbereich, den Rücken, die Schultern, den Nacken, den Kopf, das Gesicht.
2. Nehmen Sie Ihren Atem wahr, ohne ihn zu verändern. Beobachten Sie auf verschiedenen Posten die Atembewegung: an den Nasenflügeln, im Nasenraum, im Rachen, auf der Höhe der Bronchien, auf der Bauchdecke. Genießen Sie die Atembewegung.
3. Lassen Sie sich mitten in diesen Wahrnehmungen zur Ruhe kommen. Unterstützen Sie die Stille, die sich in Ihnen ausdehnen will.
4. Verweilen Sie in dieser Stille.
5. Lassen Sie Zerstreuungen, Gedanken und Gefühle, sobald sie Ihnen bewußt werden, los und überlassen Sie sich der Stille.
6. Nach einiger Zeit der Stille beginnen die speziellen Punkte der jeweiligen Meditationsübung.
7. Verweilen Sie in der Stille.
8. Wenn Sie die Übung abschließen wollen, achten Sie wieder vermehrt auf den Atem, die Atembewegung, die Orte, an denen der Atem spürbar und erlebbar wird.
9. Vergegenwärtigen Sie sich als Abschluß noch einmal Ihre Sitzhaltung, Ihren Körper.
10. Lösen Sie die Konzentration Ihrer Sitzhaltung mit einer leichten Bewegung (wie eine kleine Verneigung) Ihres Nackens auf, bewegen Sie sich langsam und vorsichtig.

1. Übungsreihe

Der Zauber einer Rose
Die religiöse Dimension
der Naturerfahrung (1)

Einleitung

Die Meditation ist ein psychisches Geschehen, das dem Menschen immer weitere und größere Bereiche des Bewußtseins erschließt, das aber nicht notwendig eine religiöse Grundeinstellung voraussetzt. Die neueren Forschungen der Psychologie haben viele Vorgänge der Meditation klären und aufschlüsseln können. Auf Grund solcher Kenntnisse und Überzeugungen haben wir in den ersten beiden Bänden dieses Meditationslehrganges versucht, Einstiege in die Meditation zu bieten, die möglichst wenig Voraussetzungen verlangen, auch keine religiösen Voraussetzungen. Nur gelegentlich haben wir angedeutet, wie sich eine bestimmte Übung in ein eigentlich religiöses Meditieren hinein weiterführen läßt.

Die Meditation ist im Rahmen der Religionen groß geworden. Schon immer haben die Menschen die Ahnung gehegt, daß sich auf dem Weg nach Innen eine ebenso entscheidende Welt eröffnet wie die Welt, die uns umgibt. Die Vertiefung des eigenen Bewußtseins führt dabei nicht unbedingt von der äußeren Welt weg. Sie kann auch zu einer reicheren Erfassung der Welt führen. Das hängt von den philosophischen oder theologischen Voraussetzungen ab, die ein bestimmtes Weltbild, damit auch einen bestimmten Weg nach Innen prägen.

Nur zwischendurch, aber nicht nebenbei gesagt: Ihr Meditieren wird von jetzt an von einer bewußten Auseinandersetzung mit Lebensfragen begleitet sein müssen, etwa mit den Fragen:

Wie hat mich mein religiöses, bzw. nicht-religiöses Mileu geprägt?

Wie gehe ich mit diesem teils bewußten, teils unbewußten Erbe um?

Was sind tatsächlich meine Erfahrungen?

Und was sind – im Gegensatz dazu – bloß Meinungen, die ich, ohne selbst dazu Stellung zu nehmen, von einer Kirche, einer philosophischen Richtung, einer Gruppe, einem Freundeskreis, einer gängigen Strömung angenommen und mir zu eigen gemacht habe?

In der inneren Welt, die sich dem Meditierenden eröffnet, mehr noch in der Stimmigkeit von innerer und äußerer Welt, die dem Meditierenden als eine tragende Sicherheit bewußt wird, ist in den Religionen der Zugang zu Gott gesehen und erlebt worden. Diese Dimension des Meditierens soll in den nun folgenden Übungen der 1. Reihe im Mittelpunkt stehen. Dabei ist der Ausdruck *Dimension* für das richtige Verständnis der Übungen von Bedeutung. Denn die religiöse Meditation unterscheidet sich zunächst nicht durch spezielle Übungen von der Meditation, die Sie bisher gepflegt haben, sondern dadurch, daß bei der Meditation(sübung) noch etwas mehr geschehen darf.

Vergleichsweise läßt sich dieses *mehr* vielleicht so ausdrücken: Im Alltag erleben viele Menschen nur oberflächlich, nur in zwei Dimensionen. In der Meditation wird die Erfahrung der Tiefendimension geschenkt, einer Dimension mehr. Die Meditation wird zu einer ausgesprochen religiösen Erfahrung, wenn noch eine weitere Dimension als Erfahrung hinzutritt: daß jedes Erlebnis eine Mitte besitzt, zentriert ist und daß diese verschiedenen Mitten wie in einer *Mitte* zusammenfallen. Die Verschiedenartigkeit unserer Lebenserfahrungen, eine Verschiedenartigkeit, die oft zur Widersprüchlichkeit und damit zu einer Belastung und Herausforderung für den Menschen wird, wird dann aufgewogen durch die *Mitte*, die erfahrbar alles zusammenhält. In den spirituellen Traditionen gibt es verschiedene Begriffe, die die Erfahrung der *Mitte* zu beschreiben versuchen, z.B. Sinnerfahrung, Verwandtschaft, Geborgenheit, Schönheit. Dort, wo personal von Gott geredet wird, damit auch in der christlichen Tradition, wagen es die Menschen, diese *Mitte* mit einem *Du* anzusprechen, um mit einem Ausdruck menschlicher Vertrautheit ihre innere Betroffenheit zusammenzufassen.

In der 1. und 2. Reihe wird bewußt an frühere, Ihnen schon bekannte Übungen angeknüpft. Die Übungsanleitung enthält nun aber auch die Einladung an Sie, sich in die religiöse Dimension einzulassen.

Sie werden aber auch Übungen finden, die nicht mehr von Ihren persönlichen Erfahrungen ausgehen. D.h. die Abfolge der Übungen ist so aufgebaut, daß durch sie wichtige Grunderfahrungen aus verschiedenen religiösen Traditionen nachvollziehbar und dadurch zu eigenen Erfahrungen werden.

Beherzigen Sie die Grundregel allen religiösen Meditierens: Ehrlichkeit und Respekt, Bescheidenheit und Mut sind die Grundhaltungen, mit denen wir an unsere früheren und unsere aktuellen Erfahrungen heranzutreten haben.

Die Schritte der Meditation

Sie kennen sich in der Meditation bereits gut aus. Sie wissen auch, daß es von Vorteil ist, sich in der Übung an ganz bestimmte Schritte zu halten, Ihr Meditieren wird dadurch stimmungsunabhängiger. Achten Sie gleichzeitig darauf, daß die festgelegten Schritte nicht zu einem beengenden Korsett werden; es gibt Momente, da müssen Sie sich in der Meditation volle Freiheit lassen. – Es geht in der Meditation nicht ohne ein ganz feines Gespür für die inneren Vorgänge; nur Sie selber können letztlich entscheiden, ob es jetzt, in diesem Augenblick, die Disziplin ist, die Sie weiterbringt, oder ob es die Freiheit ist; meistens ist es allerdings so, daß die Disziplin den inneren Freiraum schafft und garantiert.

Halten Sie sich bei den folgenden Übungen an die gewohnten Schritte:

– Lesen Sie die Vorbereitung und die Übungsanleitung der Übung genau durch, prägen Sie sich ein, was für Sie persönlich in dieser Übung wichtig ist.

– Richten Sie sich an Ihrem Meditationsplatz auf die gewohnte Art ein.

– Lenken Sie Ihre Aufmerksamkeit auf Ihren Körper, auf Ihre Sitzhaltung. Versuchen Sie, in Ihrem Körper ganz bewußt gegenwärtig zu sein.

– Lenken Sie Ihre Aufmerksamkeit auf den Atem. Beeinflussen Sie ihn nicht, aber benützen Sie den regelmäßigen Rhythmus der Atmung, um in eine innere Stille zu gelangen.

– Lassen Sie die Stille wie etwas in Ihnen schon Vorgegebenes zu, schützen Sie sie gegen störende Gedanken und Gefühle, ergreifen Sie Partei für die Stille. Erst wenn Sie in der Stille wirklich zur Ruhe gekommen sind, gehen Sie zu den speziellen Punkten einer Übung.

An dieser Stelle folgen nun die Schritte, die in jeder Übung speziell angegeben werden.

– Lassen Sie sich immer wieder zurück in die Stille. – Auch wenn es vielleicht sinnvoll ist, aus der Stille heraus noch einmal die speziellen Punkte vorzunehmen, so sollte das Hauptgewicht der Meditation doch auf der inneren Stille liegen!
– Wenn Sie abschließen möchten, lenken Sie Ihre Aufmerksamkeit am besten wieder auf den Atemrhythmus, dann auf Ihren Körper. Schließen Sie mit einer entspannenden Bewegung des Nackens, noch besser: mit einer bewußten Verneigung.
– Widmen Sie sich der Nacharbeit. – Wenn diese Nacharbeit von größerem Umfang ist, legen Sie wenigstens fest, wann Sie sich dafür Zeit nehmen wollen.

1.1 Der Baum

Vorbereitung

Vor langer Zeit haben Sie sich während mindestens sieben Übungen mit dem Baum beschäftigt. Sie sind damals verschiedenen Wesenszügen nachgegangen, die wir Menschen bei einem Baum entdecken können, die so etwas wie eine Verwandtschaft zwischen Mensch und Baum nahelegen. Nehmen Sie sich Zeit, im ersten Band die entsprechenden Meditationsübungen nachzulesen, im Herzen aufsteigen zu lassen, welche Erfahrungen und Einsichten Sie damals gemacht haben. Versuchen Sie sich zu erinnern, welche der Übungen Ihnen den Baum am nächsten gebracht hat; genau mit diesem Wesenszug sollten Sie bei der nun folgenden Übung einsteigen. – Falls Sie Lust haben, die ganze Übungsreihe mit dem Baum noch einmal durchzumeditieren, als Einstimmung, um so besser.

Übungsanleitung

– Vergegenwärtigen Sie sich Ihren Baum, so wie es Ihnen am leichtesten fällt. Lassen Sie sich bewußt werden, was Sie mit diesem ganz anderen Lebewesen verbindet, was eine Verwandtschaft zwischen Ihnen und dem Baum schafft.

– Stimmen Sie ein in diese Verwandtschaft und öffnen Sie sich, um die Mitte dieser Verwandtschaft wahrzunehmen: Wo liegt sie begründet? Wer/was schafft diese gegenseitige Zuordnung?

– Lassen Sie sich von der Mitte anziehen, die diese Verwandtschaft stiftet.

Abschluß

1. Wenn Ihnen diese Meditation entspricht, üben Sie sie auf die selbe Art auch mit anderen Lebewesen und Gegebenheiten: Blumen, Tieren, Menschen, Orten...

2. Zur Reflexion: In der Übungsanleitung ist die Bezeichnung Gott nicht gebraucht worden. Wenn es für Sie – von der Sache und von der Sprache her – stimmt: Erspüren Sie die Gegenwart Gottes in der Verbundenheit, die Sie einem anderen Geschöpf gegenüber erfahren, denn sie entspricht Gottes Schöpfungsplan.

Wenn es für Sie – von der Sprache her – nicht stimmt, versuchen Sie doch in immer neuen Anläufen der Sache näher zu kommen: erblicken Sie in der erfahrbaren Verwandtschaft nicht bloß eine augenblickliche Stimmung oder eine willkürliche Suggestion, versuchen Sie vielmehr jene verbindende Kraft zu erspüren, die eine Welt zusammenfügt.

3. Wenn Sie Zeit und Lust haben, setzen Sie sich mit dem folgenden Text auseinander. Hans Leopold Davi, ein Schweizer Autor, gestaltet die Verwandtschaft zum Baum, die er in seiner Sehnsucht entdeckt hat:

Der Apfelbaum

Ich möchte die Wurzel sein
versteckt leben
im Dunkeln unterm Boden
mich von der Erde und Wasser ernähren
damit durch unsichtbare Kanäle
der Baumsaft dein letztes Blatt erreiche
deine letzte Blüte deine letzte Frucht
Die Leute bleiben stehn
Schaut wie grün die Blätter
wie wunderbar die Blüten
wie süß seine Früchte
Sie
ver
ges
sen
die
Wurzel
Aber ich möchte die Wurzel sein

Hans Leopold Davi

1.2 Die Rose

Es ist schwer, die Erfahrung der Schönheit genau zu beschreiben, sie jemand anderem mitzuteilen oder sie gar wissenschaftlich zu definieren. Und doch ist diese Erfahrung eines der wichtigsten Tore, die sich auf die religiöse Dimension hin öffnen.

Die Meditation einer Rose ist Ihnen schon vertraut. Nehmen Sie die entsprechenden Übungen im ersten Band noch einmal vor, mindestens als eine Lektüre, die vergangene Meditationserfahrungen wieder aufleben läßt, vielleicht sogar als Übungsstoff selber.

Die Übung wird leichter, wenn Sie an Ihrem Meditationsplatz eine Rose durch die Übung begleitet.

Wenn Sie keinerlei Bezug zur Rose besitzen, nehmen Sie sich bitte die Freiheit, eine andere Blume zu meditieren!

Übungsanleitung

– Vergegenwärtigen Sie sich die Rose in einem inneren Bild. Erspüren Sie die Schönheit der Rose.
– Lassen Sie sich bewußt werden, daß die Rose in Ihnen wie auf einen für sie, die Rose, vorbereiteten Sinn trifft. Sie besitzen das »Organ«, um die Rose in ihrer Schönheit wahrzunehmen. Sie und die Rose sind einander zugeordnet.
– Stimmen Sie ein in diese Zuordnung. Öffnen Sie sich, um die Mitte dieser Übereinstimmung wahrzunehmen: Wo liegt sie begründet? Wer/was schafft diese gegenseitige Zuordnung?
– Lassen Sie sich von der Mitte anziehen, die diese Zuordnung stiftet.

Abschluß

1. Wenn Ihnen diese Meditation entspricht, üben Sie sie auf die selbe Art auch mit anderen geeigneten Objekten: eine Landschaft, ein Wohlklang, ein Gesicht, ein Baum, ein Grashalm, ein Insekt…

2. Nach dieser Meditation kann es sinnvoll sein, das ehrfürchtige Staunen, das sonst der Schönheit der Rose gilt, auf Gott auszudehnen, von dem diese Schönheit stammt, den sie offenbart.

3. Nehmen Sie sich Zeit, zurückliegende Erfahrungen der Schönheit nachzugehen, sie, nachsinnend, in ihrer Wirkung zu vertiefen. Es sind Erfahrungen mit einer großen gestaltenden Kraft.

4. Auch die beiden folgenden Texte sind je auf ihre Art der religiösen Dimension der Schönheit gewidmet.

Seht, wie die Blumen auf den Feldern wachsen! Sie arbeiten nicht und machen sich keine Kleider; doch ich sage euch, nicht einmal Salomo mit all seinem Reichtum war so prächtig gekleidet wie irgendeine von ihnen. Wenn Gott sogar die Feldblumen so ausstattet, die heute blühen und morgen verbrannt werden, wird er sich dann nicht erst recht um euch kümmern? Habt doch mehr Vertrauen.

Jesus (Lukasevangelium 12,27-28)

Die Musik wurde von den Mystikern aller Zeiten verehrt. Fast überall auf der Welt war in den innersten Kreisen der Eingeweihten die Musik das Zentrum von Kult und Gottesdienst. Auch den Sufis gilt die Musik als Quelle ihrer Meditation, denn sie spüren, wie die Seele sich entfaltet, wie die intuitiven Fähigkeiten sich erschließen. Ihr Herz öffnet sich gleichsam allen Schönheiten der inneren und äußeren Welt, es hebt sie empor und bringt ihnen gleichzeitig die Vollendung, nach der jede Seele sich sehnt.

Hazrat Inayat Khan

5. In dieser Übungsreihe möchten wir Sie zu einer religiösen Erfahrung führen, die wir versuchsweise mit *Mitte* umschreiben und die vor allem die Verbindung, ja die Zuordnung zwischen uns und anderen Lebewesen hervorhebt. Die religiöse Erfahrung kann aber selbstverständlich auch einen ganz anderen Charakter besitzen: das andere Lebewesen, die Rose z.B., stellt sich als ein immer größeres Geheimnis heraus, je mehr wir uns ihm nähern. Oder es ist uns Geschenk, es fällt wie ein Licht in unser Leben, es bringt uns etwas Unerwartetes, das für uns nicht aufgeht…

Wie wirkt die Rose auf Sie? Lassen Sie sich – bei aller Kursanleitung – die

Freiheit, sich durch die inneren Begegnungen so führen zu lassen, wie es für Sie stimmt. Beobachten Sie sich bei den folgenden Übungen: Sind die Übungsimpulse stark genug, Sie zu tragen, oder müssen Sie für sich andere Aspekte hervorheben?

1.3 Der Berg

Vorbereitung

Der Berg lockt zu ganz verschiedenen Erfahrungen. Je nach seiner geographischen Lage, je nach der Disposition des Erlebenden kann der Berg eine unterschiedliche Qualität zeigen: Majestät, Bedrohung, Schutz, Herausforderung. Die folgende Meditation legt den Akzent auf den bergenden Charakter des Berges: er nimmt uns, z.B. bei einer Wanderung, aus unserem gewohnten Alltag heraus, er hebt uns empor in eine andere Welt, seine großartige Festigkeit läßt in uns die eigene Sicherheit anwachsen.

»Berg« und »bergen« sind verwandte Wörter!

Wenn Sie die eben beschriebene Erfahrung schon kennen, setzen Sie bei der Meditation hier an. Wenn Sie eine solche Erfahrung bisher nicht gemacht haben, versuchen Sie sie mit Hilfe Ihrer Vorstellungskraft wachzurufen.

Übungsanleitung

– Vergegenwärtigen Sie sich die Erfahrung: auf einem Berg, getragen, ruhig, mit Weitblick, eins mit der Festigkeit des Bergs.
– Lassen Sie sich bewußt werden, daß zwischen Ihnen und dem Berg eine Verbindung war/ist. Der Berg konnte/kann Ihnen etwas bedeuten.
– Stimmen Sie in diese Verbindung ein. Öffnen Sie sich, um die Mitte dieser Verbindung wahrzunehmen: Wo liegt sie begründet? Wer/was schafft diese Verbindung?
– Lassen Sie sich in dieser Mitte zur Ruhe kommen.

Wenn Sie jetzt Lust auf eine Bergwanderung haben, ist Ihre Meditation geglückt. – Falls Sie Ihre Lust nicht sofort in die Tat umsetzen können, erträumen oder planen Sie eine Bergwanderung. Besitzen Sie Photos von einer früheren Wanderung?

1.4 Das Wasser

Vorbereitung

Sie haben nun, vielleicht mehrmals, den Baum, die Rose, den Berg meditiert. Auch wenn Ihnen in der Meditation die innere Beziehung zum Baum, zur Rose, zum Berg zu einer Erfahrung geworden ist, wenn es Ihnen sogar gelungen ist, die diese Erfahrung ermöglichende Mitte – das Geheimnis, die Tiefendimension – wahrzunehmen, so bleiben der Baum, die Rose, der Berg etwas Gegenständliches, etwas, das Ihnen gegenüber- und entgegen-steht. Bei der Meditation des Wassers und des Feuers kann sich dieser Eindruck verändern. Als Meer, Fluß, See, Bach ist zwar auch das Wasser etwas Gegenständliches, dem Wasser als solchem aber fühlen wir uns – über diese gegenständlichen Formen hinaus – auf besondere Art verwandt, als ob wir Wasser in uns hätten. Etwas Ähnliches gilt vom Feuer. Diese besondere Art von Verwandtschaft hat die Philosophen über Jahrhunderte dazu angeregt, sich Erde, Wasser, Feuer und Luft als die Grundelemente vorzustellen, aus denen sich alles zusammensetzt, auch wir Menschen. Mit jedem dieser Elemente haben die Philosophen beim Menschen sowohl physische Vorgänge als auch charakterliche Äußerungen in Zusammenhang gebracht. Zudem hat das Wasser, das in den meisten Kulturen der Reinigung dient, diese Funktion auch in vielen Religionen erhalten, wenn auch in einem übertragenen Sinn.

Übungsanleitung

– Vergegenwärtigen Sie sich – ohne darüber nachzudenken – verschiedene Wasser-Erfahrungen: den Blick über den See, das Bad, die Dusche, das Schwimmen, den Wasserfall, das Durchwaten eines kalten Baches usw.

– Lassen Sie sich die Berührung mit dem Wasser bewußt werden, ebenso was die Berührung bei Ihnen auslöst, wie das Wasser Sie verändert.

– Entdecken Sie die Züge, die Sie und das Wasser gemeinsam haben. Versuchen Sie zu sehen, wie sich diese Züge in Ihrem Leben ausdrücken.

– Lassen Sie sich zur Ruhe kommen im Bewußtsein all der Entsprechungen und Verbindungen.

Abschluß

Schon in den allerersten Meditationen sind Sie dazu angehalten worden, Ihre Meditationserfahrungen zeichnend, malend, gestaltend auszudrücken und so zu vertiefen. Die Meditation des Wassers eignet sich sehr gut für eine solche Verarbeitung. Nehmen Sie sich im Anschluß an die Übung oder später die Zeit dazu.

1.5 Das Feuer

Vorbereitung

Dem Feuer sind wir auf ähnliche Art verwandt wie dem Wasser. Die Sprache verrät es, denn das »Feuer« dient oft dazu, einen bestimmten Charakterzug eines Menschen zu bezeichnen.

Feuer und Wasser haben neben ihren angenehmen Erscheinungsformen auch die Kraft zu zerstören, die Welt untergehen zu lassen, zu vernichten. Auf diesem Hintergrund wird es verständlich, daß beide Elemente vom Menschen auch als (reinigendes) Gericht erfahren werden.

Übungsanleitung

– Verweilen Sie bei der Wahrnehmung Ihrer Körperwärme, spürbar etwa beim ausströmenden Atem, im Kontrast zur Raumtemperatur, in der Berührung von Körper und Sitzunterlage.

– Verstärken Sie diese Wahrnehmung durch die Erinnerung an Erfahrungen mit dem Feuer: die lodernde Flamme, so anziehend und zugleich unnahbar.

– Vergegenwärtigen Sie sich – ohne darüber nachzudenken – Erfahrungen, da Sie das Feuer gepackt hat, etwa im Einsatz für eine gute Sache, im Ringen um einen geliebten Menschen, unter dem Druck eines unverständlichen Leids. Und versuchen Sie zu sehen, was das Feuer aus Ihnen gemacht hat.

– Entdecken Sie die Züge, die Sie und das Feuer gemeinsam haben und wie diese Züge sich in Ihrem Leben ausdrücken.

– Lassen Sie sich zur Ruhe kommen im Bewußtsein all der Entsprechungen und Verbindungen.

Abschluß

Lesen Sie den folgenden Text einmal nur von der Feuer-Erfahrung her. Versuchen Sie diese Erfahrung innerlich, vielleicht sogar als Meditation, nachzuvollziehen. Gibt es diese Feuer-Erfahrung in Ihrem Leben auch? Haben Sie sich diese schon aus der Nähe angesehen?

Mose hütete die Schafe und Ziegen seines Schwiegervaters Jitro, des Priesters von Midian. Als er die Herde durch die Steppe trieb, kam er eines Tages an den Gottesberg, den Horeb. Dort erschien ihm der Engel des Herrn in einer lodernden Flamme, die aus einem Dornbusch schlug. Mose sah nur den brennenden Dornbusch, aber es fiel ihm auf, daß der Busch von der Flamme nicht verzehrt wurde. »Das ist doch seltsam«, dachte er. »Warum verbrennt der Busch nicht? Das muß ich mir aus der Nähe ansehen!«

Exodus 3,1-3

Abendstern

Spiegelung der dunklen Brust,
Stern des Herzens, Stern der Ferne,
Schöne Röte stillster Kerne,
Feuerschein entflammter Lust!

Innen, Aussen, ewige Waage
Trägt Gewicht und Licht der Welt.
Brüderlich Gestirn gesellt
Sich der Neige meiner Tage.

Albin Zollinger

1.6. Lebendig

Vorbereitung

Die folgende Meditation besteht in einer Intensivierung des ersten Schrittes, den Sie jeweils beim Einstieg in die Meditation vollziehen: Sie bleiben in der Wahrnehmung der Körpersignale, bis diese Signale Ihnen eine neue, zusätzliche Botschaft vermitteln. Damit Sie diese Botschaft empfangen können, ist eine Vorüberlegung hilfreich.

Die meisten Menschen pflegen die »geistigen« Signale (Gedanken, Ideen, Gefühle) bedeutend höher einzuschätzen als die »körperlichen« (Spannungen, Reize, Schmerzen, Empfindungen, Sinneserfahrungen), besonders im religiösen Bereich. Die folgende Meditation geht gegen diese Gewohnheit an: die Wahrnehmung der Körpersignale wird zum Ausgangspunkt einer religiösen Erfahrung, denn gerade in unserem Körper, in seinen Funktionen und Reaktionen, stoßen wir unverstellt auf die Wirklichkeit des Lebens, die zur Begegnung mit dem Grund allen Lebens weiterführen kann.

Erfahrungsgemäß muß diese Meditation oft wiederholt werden, bis sie ihre Wirkung entfaltet.

Übungsanleitung

– Wenden Sie sich in einer stillen, liebevollen Aufmerksamkeit den Körpersignalen zu. Registrieren Sie alle Wahrnehmungen, seien es Signale der Hautoberfläche (Reaktion auf die Raumtemperatur, Druckstellen auf Grund der Kleidung oder der Stellung, Spannungssignale usw.), seien es Signale der Organe aus dem Inneren des Körpers. Beginnen Sie mit dem Kopfbereich und wandern Sie langsam abwärts. Verlieren Sie sich an keine Wahrnehmung, bleiben Sie in Bewegung. Benennen Sie kurz und präzis die Wahrnehmung, die Sie registrieren, und gehen Sie weiter.
– Bei den Füßen angekommen, lassen Sie sich ganz in die Stille zurück.
– Wiederholen Sie die beschriebene Art, Ihre Wahrnehmungen zu sammeln und sich bewußt zu machen.
– Bei den Füßen angekommen, lassen Sie sich ganz in die Stille zurück. Halten Sie sich dabei die Wahrnehmungen der verschiedenartigen Signale bewußt wie einen Mantel, der Sie umschließt und birgt: Sie nehmen das Leben/*Leben* wahr, das sich Ihnen geschenkt hat und schenkt.
– Gehen Sie ein drittes mal daran, sich auf die einzelnen Wahrnehmungen einzustellen. Beginnen Sie wieder mit dem Kopfbereich und wandern Sie langsam abwärts. Im Unterschied zu den ersten beiden Durchgängen benennen Sie jetzt das wahrgenommene Signal nicht mehr. Lassen Sie sich zwar jedes Signal ganz präzis und klar bewußt werden, aber verzichten Sie darauf, es mit einer Benennung abzugrenzen.
– Bei den Füßen angekommen, lassen Sie sich in die Stille zurück. Lassen Sie sich berühren.

1. Nehmen Sie sich Zeit, Erfahrungen zu notieren und beschreibend festzuhalten, bei denen Ihnen Ihre körperliche Seite, Ihre Sinne stark zum Bewußtsein gekommen sind.

2. Halten Sie sich, am besten auch schriftlich, Augenblicke Ihres alltäglichen Lebens fest, in denen Sie die Erfahrung Ihrer körperlichen Seite, Ihrer Sinne intensivieren können.

1.7 Belebend

Vorbereitung

In der vorangegangenen Meditation haben Sie sich ohne Unterschied auf alle Wahrnehmungen eingestellt. Wenn Sie die Übung öfters wiederholt haben, ist Ihnen vielleicht aufgefallen, daß wir an bestimmten Stellen mehr auf Berührung angelegt sind als an anderen. Die Hände gehören zu diesen Stellen. Sie sind darauf angelegt, Berührung zu empfangen und Berührung zu schaffen. Unseren Händen ist die folgende Meditation gewidmet.

Wählen Sie, bevor Sie die Übung beginnen, einen Menschen aus, der Ihnen nahesteht und den Sie in Ihr Meditieren einbeziehen möchten.

Die Übung kann dazu verleiten, bei einem sentimentalen Träumen zu bleiben. Machen Sie daraus eine Meditation!

Übungsanleitung

– Spüren Sie sich ganz in Ihre Hände hinein. Lassen Sie vom Herzen her Ihre Aufmerksamkeit in die Hände fließen. Laden Sie sie so mit einer guten Liebe auf.

– Vergegenwärtigen Sie sich jemanden, der Ihnen viel bedeutet. Stellen Sie sich vor, daß diese Person vor Ihnen steht, sitzt oder liegt, daß Sie nun diese Person langsam und in Ruhe berühren, an den Stellen, die Ihnen richtig scheinen.

– Lassen Sie zu, daß mehr daraus wird als eine Berührung an der Oberfläche, daß die Herzen sich berühren.

– Lassen Sie zu, daß in Ihrer Berührung für den andern Menschen erfahrbar wird, daß Sie ebenfalls aus der Berührung kommen. Sie bergen sich mit Ihrer Berührung im göttlichen Ja, das Ihnen und allen Menschen gilt.

Abschluß

1. Wenn Ihnen in der Meditation offensichtlich geworden ist, daß Sie und mit Ihnen vielleicht auch die Menschen Ihrer Umgebung berührungsarm und berührungsscheu leben, sollten Sie sich vorsichtig in diese unbekannten, möglicherweise verdrängten Erfahrungen einleben. Überfordern Sie sich und die andern nicht.

Verstärken Sie Ihre Erfahrungen, indem Sie auch das Gespräch auf dieses Thema bringen; die Sehnsucht nach Berührung, aber auch die Angst vor Berührung können dann zur Sprache kommen.

2. Wenn es für Sie stimmt, können Sie auch versuchen, die oben für die Hände beschriebene Meditation mit anderen Körperpartien durchzuspielen, – so wie Menschen, die sich lieben, keine größere Sehnsucht kennen, als ihre innere Einheit auch mit einer möglichst großen körperlichen Einheit auszudrücken.

Lassen Sie die Übung eine Meditation sein, indem Sie die innere und äußere Berührung, Ihr eigenes Berührtsein und die Berührung der anderen Person auf einander abstimmen! Denn es geht nicht darum, etwa eine sexuelle Begegnung vorwegzunehmen oder einer sexuellen Begegnung nachzuträumen. Es geht in der Meditation darum, dem schöpferischen Wert einer berührenden Begegnung auf den Grund zu kommen, damit Sie sie offener und ganzheitlicher leben können.

1.8 Lebensbereiche – Spannungsfelder

Vorbereitung

Sie kennen die folgende Meditationsübung bereits. Sie haben sie im Rahmen der allerersten Übungen kennengelernt. Wenn Sie sich nun erneut dieser Übung aussetzen, so mit dem Ziel, die Dimension des Göttlichen zu erfahren.

Wir Menschen erfahren uns als Wesen, die mit der Erde verbunden sind. Wir sind die Kinder der Erde. Davon berichtet unser ganzes Leben, davon berichtet die Evolutionsgeschichte.

Wir Menschen sind aber auch jene Wesen, die sich über die Erde hinaussehen, durch die Erfahrung einer Sehnsucht nach *mehr* die Erde hinter uns lassen. Wir sind die Kinder des Geistes. Davon berichten die Religionen.

Es gehört zum menschlichen Leben, daß wir diesen doppelten Ursprung aushalten, auch wenn wir ihn oft als Spannung erleben.

Übungsanleitung

– Spüren Sie sich lang und ausgiebig in den Beckenbereich hinein, so daß Sie im Beckenbereich Wärme, Ausdehnung, Entspannung erfahren.
– Lassen Sie sich im Becken zu Hause sein. Bergen Sie sich im Becken.
– Betrachten Sie das Becken als Ihre Erde: von da kommen die vitalen Kräfte, die Sie leben lassen. Schenken Sie diesen Kräften Ihr Vertrauen.
– Steigen Sie mit Ihrer Aufmerksamkeit allmählich nach oben, der Wirbelsäule entlang, lenken Sie die Aufmerksamkeit auf den Scheitel, die oberste Stelle des Kopfes. Von dieser Stelle aus erspüren Sie den ganzen Kopf.
– Betrachten Sie den Scheitel als Ihren Himmel: von da kommt die Führung, die Ihrem Leben den einmaligen Sinn verleiht. Halten Sie sich für diese Führung offen.
– Fließen Sie mit Ihrer Aufmerksamkeit zwischen diesen Stellen hin und her: Becken – Scheitel, Erde – Himmel, Körper – Geist. Und lösen Sie in dieser fließenden Bewegung das Denken und Erleben in Gegenpolen auf, – denn wir sind Menschen in dem Maße, als wir uns in dieser Spannung aufhalten, bewegen, die Mitte/*Mitte* suchen, uns von dieser Mitte/*Mitte* angezogen und gehalten erfahren.

Sicher kennen Sie das Zeichen für Yin und Yang, ein Zeichen, das das Ineinan-
derfließen von gegensätzlichen Strömungen zum Ausdruck bringt. Gelingt es
Ihnen, in der Meditation, vielleicht sogar im Leben, die beiden Pole zu verbinden?
Oder herrscht noch der eine Pol über den andern? Oder haben Sie möglicherweise
Angst vor dem einen Pol, so daß Sie sich auf den andern fixieren?

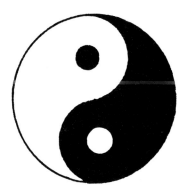

> **E**s genügt nicht zu denken, man muß auch atmen.
> *Gefährlich die Denker, die nicht genügend geatmet haben.*
>
> Elias Canetti

2. Übungsreihe

Die Erde – unsere Mutter
Die religiöse Dimension
der Naturerfahrung (2)

2.1 Atmen in Gottes Geist

Vorbereitung

In vielen Sprachen – auch in den Sprachen, in denen die Bibel geschrieben worden ist, Hebräisch, Aramäisch und Griechisch – kann das selbe Wort Luft, Wind, Sturm, Atem, Geist, Seele bedeuten. Das biblische Menschenbild kennt also eine Seele, einen Geist in Bewegung, und zwar in einer Bewegung, die ganz vom göttlichen Impuls abhängig ist.

Was Sie bisher als Meditation des Atems vollzogen haben, kann deshalb zu einer Meditation unseres Geistes werden, zu einer Meditation der göttlichen Bewegung in uns. Genau das meint z.B. der folgende Text aus der jüdischen Tradition:

Da nahm Gott Erde, formte daraus den Menschen und blies ihm den Lebenshauch in die Nase. So wurde der Mensch lebendig.

Genesis 2,7

Übungsanleitung

– Sammeln Sie Ihre Aufmerksamkeit auf den Atemfluß.
– Betrachten Sie den Atem als den entscheidenden Leben/*Leben*simpuls, nehmen Sie ihn voller Dankbarkeit auf.
– Erspüren Sie die Quelle dieses Atemflusses. Lassen Sie in Ihr Bewußtsein kommen, wie sehr Sie und Ihr Wesen mit dem Fluß dieser Quelle verbunden sind.

Abschluß

Wenn Ihnen die Meditation des Atems wichtig wird, so finden Sie in vielen religiösen Traditionen wertvolle Anregungen zur Meditation. Die im folgenden angeführten Texte eignen sich alle für ein mehrmaliges Meditieren.

Gott, alle deine Geschöpfe warten darauf,
daß du ihnen Nahrung gibst zur rechten Zeit.
Sie nehmen, was du ihnen ausstreust;
du öffnest deine Hand, und sie alle werden satt.
Doch wenn du dich abwendest, sind sie verstört.
Wenn du den Lebenshauch zurücknimmst,
kommen sie um und werden zu Staub.
Schickst du aufs neue deinen Atem,
so entsteht wieder Leben.
Du gibst der Erde ein neues Gesicht.

Psalm 104,27-30

Alles, was atmet, lobe den Herrn!

Psalm 150,6

Das Leuchtende, feiner als das Feinste,
in dem alle Welten enthalten sind und all ihre Bewohner:
Dieses ist das unvergängliche Brahman,
es ist auch Atem, Wort und Geist.
Es ist Wahrheit und Unsterblichkeit.
Dies ist das Ziel, das zu durchdringen ist,
durchdringe es, mein Lieber!

Mundaka-Upanishad II.

2.2 Die Erde – unsere Mutter

Vorbereitung

Die verschiedenen Aspekte, die in den vorangegangenen Meditationen geübt und bewußt gemacht wurden, haben immer wieder bei der Erfahrung angesetzt, daß wir uns als Lebewesen unter anderen Lebewesen, als Beschenkte unter anderen Beschenkten erleben. So mag nun eine Übung folgen, die der Erde, ja dem Kosmos gehört. Die Erde als Teil des ganzen Kosmos bringt die reiche Vielfalt der Lebewesen hervor, sie ist zu ihrer Ernährung eingerichtet, sie besitzt eine erstaunliche Vitalität. – Zu selbstverständlich leben wir von der Erde; die oft zerstörerisch wirkende Selbstverständlichkeit sollte einem bewußten, ehrfürchtigen, bewahrenden Umgang mit der Erde und ihrem Reichtum Platz machen.

Am besten stimmen Sie sich auf die Meditation ein, indem Sie sich die eine und andere gute Naturerfahrung vergegenwärtigen.

Übungsanleitung

– Lassen Sie sich – am besten in Form von inneren Bildern – bewußt werden, wann und in welcher Form Sie mit der Erde, mit dem Kosmos, zu tun haben: sie berühren, von ihr leben, sie verehren, sie betreten, sie nutzen, ihre Rhythmen als die eigenen Rhythmen erfahren, sie verletzen…
– Verweilen Sie bei einer Erfahrung, die in Ihnen die Sehnsucht wachruft, noch stärker mit der Erde verbunden zu sein.
– Lassen Sie aus dieser Sehnsucht ein gutes Vertrauen entstehen: Vertrauen Sie der bergenden Kraft der Erde, des Kosmos.
– Versuchen Sie zu sehen, daß auch die Erde, der Kosmos, nicht der letzte Grund ist, daß auch die Erde ihre vielfältigen Aufgaben nur zu erfüllen mag, weil sie von einer größeren Kraft getragen wird. Spüren Sie dem Vertrauen der Erde nach.

Abschluß

1. Sicher kennen Sie Gedichte, Bilder, Filme, die der Schönheit unseres Planeten gewidmet sind. Vielleicht kann es zu einer Fortsetzung Ihrer Meditation werden, wenn Sie sich bewußt diesen künstlerisch vermittelten Erfahrungen aussetzen.

2. Noch besser ist der direkte Kontakt mit der Erde.

Suchen Sie Orte auf, von denen Sie spüren, daß sie Ihnen Leben schenken. Entdecken Sie durch solche Orte die Kraft der Erde, aber auch Ihre Abhängigkeit von der Erde.

3. In einer Zeit, da immer deutlicher wird, wie sehr die Menschen die Erde bereits ausgenützt, verunstaltet, mißbraucht und zerstört haben, ist eine Meditation der Erde auch der Anfang eines neuen Verhaltens. Obwohl jene, die aus der Zerstörung der Erde Profit ziehen, alles daran setzen, daß die erschreckenden Fakten möglichst nicht in die Öffentlichkeit kommen, erfahren Sie doch immer noch genug davon. Verdrängen Sie es nicht, sondern nehmen Sie es als Impuls für ein neues eigenes Verhalten und als Impuls für eine gesellschaftliche Neuorientierung, – in der Sie führend mittun können…

4. Die folgenden Textabschnitte helfen Ihnen die Meditation der Erde weiterzuführen und zu vertiefen:

Wir gehören der Erde. Sie ist unsere Kraft. Und ihr müssen wir nahe bleiben. Oder wir sind verloren.

Narritjin Maymuru Yirrkala, eine australische Ureinwohnerin

So ist die Erde gleichsam die Mutter der verschiedensten Arten. Sie ist aller Mutter, weil alles, was nur immer Gestalt und Leben irdischer Natur hat, sich aus ihr erhebt, und da schließlich selbst der Mensch aus der Erde geschaffen wurde.

Hildegard von Bingen

Es muß einen neuen Kontakt geben zwischen dem Menschen und der Erde; die Erde muß neu gesehen und gehört und gefühlt und gerochen und geschmeckt werden; es muß zu einer Erneuerung der Weisheit kommen, die darauf beruht, genau um die Schmerzen und die Lust, das Risiko und die Verantwortung des Lebens in dieser Welt zu wissen.

Wendell Berry

2.3 Wir sind Geschöpfe der Erde

Vorbereitung

In vielen religiösen Traditionen spielt die Dankbarkeit der Menschen gegenüber der Schöpfung – und durch sie hindurch gegenüber dem Schöpfer – eine zentrale Rolle. Diese Dankbarkeit und die entsprechende Gesinnung der Verantwortung haben bei den verschiedenen Stämmen der Indianer einen ergreifenden Ausdruck gefunden. Die folgenden Zeilen stammen aus einem Lied der Navajo:

> *Die Erde, ihr Leben bin ich,*
> *Die Erde, ihre Füße sind meine Füße,*
> *Die Erde, ihre Beine sind meine Beine,*
> *Die Erde, ihr Körper ist mein Körper,*
> *Die Erde, ihre Gedanken sind meine Gedanken,*
> *Die Erde, ihre Sprache ist meine Sprache.*

Lesen Sie als Vorbereitung der Meditation mehrmals den Text. Beginnen Sie die Meditation mit jenem Satz, der für Sie im Moment die gegenseitige Abhängigkeit von Erde und Mensch am besten zum Ausdruck bringt.

Übungsanleitung

– Sammeln Sie sich mit den gewohnten Schritten.
– Wiederholen Sie still jenen Satz, den Sie zur Meditation gewählt haben. Verkosten Sie ihn. Spüren Sie seiner Mehrdeutigkeit nach: Ich brauche die Erde / Die Erde braucht mich…
– Lassen Sie Bilder wach werden, die Ihnen vor Augen führen: So würde ein Lebensstil aussehen, der dieser gegenseitigen Abhängigkeit entspricht.
– Lassen Sie sich vom Satz, von den Sätzen des Liedes ansprechen. Lassen Sie sich bewußt werden, was diese Worte in Ihnen wachrufen: Hilflosigkeit, Freude, Dankbarkeit, Verantwortung…

Basil Johnston, selber Objiwa-Indianer und Fachmann für die indianische Kultur, schreibt über die tiefe, religiöse Verbindung der Indianer zur Erde:

Die Anishnabeg schrieben die Vaterschaft der Sonne zu. Auf die gleiche Weise sahen sie die Mutterschaft in der Erde verkörpert. Sonne und Erde waren beide notwendig und bei der Erzeugung des Lebens aufeinander angewiesen. Aber von den beiden ursprünglichen Elementen war Mutter Erde am unmittelbarsten und den Gefühlen der Menschen am nächsten und wurde am meisten verehrt. Vater Sonne und Mutter Erde hatten verschiedene Aufgaben, so wie auch Mann und Frau verschieden sind. Die Sonne erleuchtet die Schöpfung, die Erde erhält die Schöpfung mit Schönheit und Nahrung.

Vielleicht rührt die Mütterlichkeit der Erde von ihrer Grundsubstanz her, dem Stein. Der Stein schien unwandelbar zu sein, hielt den Winden, dem Winter und dem Sommer stand. Bewegungslos, wie er war, schien er gegen jeden Wandel gefeit zu sein, den der Mensch unmittelbar wahrnehmen konnte, als sollte er weiterleben, um Leben spenden zu können. Den gleichen Charakter und die gleichen Eigenschaften erwartet man von der Mutterschaft, deren Grundlage die Liebe ist. Wenn Kinder zu Männern und Frauen heranwachsen sollten, so mußten sie darauf vertrauen können, daß die Liebe der Mutter fortdauern wird, sonst würde es ihnen an Vertrauen zu sich selbst und zu anderen mangeln. Aber die Freigiebigkeit der Erde und ihre Kraft, Leben zu geben, wurden für verläßlicher gehalten als die menschliche Mutterschaft.

Für Vater Sonne empfanden die Menschen Verehrung; ihre Liebe und Achtung galt der Erde. Sie beteten:

> *Frau!*
> *Mutter!*
> *An deiner Brust*
> *Nährtest du mich.*
> *In deinen Armen*
> *Hieltest du mich.*
> *Dir meine Liebe.*
> *Erde!*

Mutter!
An deinem Busen
Finde ich Nahrung.
In deinem Mantel
Suche ich Schutz.
Dir meine Verehrung.

Basil Johnston

Ich möchte tolerant werden, ohne etwas zu übersehen; niemand verfolgen, auch wenn alle mich verfolgen; besser werden, ohne es zu merken; trauriger werden, aber gerne leben; heiterer werden, in anderen glücklich sein; niemand gehören, in jedem wachsen; das Beste lieben, das Schlechteste trösten, nicht einmal mich mehr hassen.

Elias Canetti

2.4 Die Schönheit der Schöpfung – ein Bild für Gottes Zuwendung

Vorbereitung

Meistens waren und sind es die mystisch begabten Menschen, die ein Herz für die Gegenwart Gottes entwickeln und für diese berauschende Gegenwart Gottes neue, ungewohnte, gelegentlich sogar – für orthodoxe Ohren – anstößige Worte finden. Die mystischen Traditionen und Übungswege im Islam werden als Sufismus bezeichnet, die Männer und Frauen auf diesen Wegen sind die Sufis oder die Derwische. Maulana Dschelaluddin Rumi (1207- 1273) gehört zu den ganz großen mystischen Lehrern der Sufis; aus seinem theologischen und poetischen Werk

Mathnawi stammen die folgenden Fragen (übersetzt von Annemarie Schimmel), in denen er die Harmonie und Schönheit eines Gartens als eine Offenbarung Gottes feiert.

> *Wie sprudelten die Quellen klar wie Glas?*
> *Wie spräch' die Rose heimlich mit dem Garten?*
> *Wie eint' Jasmin dem Veilchen sich, dem zarten?*
> *Wie öffnet die Platane ihre Hand?*
> *Wie hätt' ein Baum erhob'nen Hauptes Stand?*
> *Wie könnten Knospen ihre Ärmel breiten*
> *In weitem Schwingen in des Frühlings Zeiten?*
> *Wie könnt' der Tulpe Wange blutig glühen,*
> *Die Rose Gold aus ihrem Beutel ziehen?*
> *Wie käm' die Nachtigall zur Rose Duft,*
> *Die Taube dazu, daß sie »Wo? Wo?« ruft?*
> *Wie zeigte ihr Geheimnis diese Erde,*
> *So daß der Garten gleich dem Himmel werde?*
> *Woher bekommen sie all diese Pracht?*
> *Von Ihm, der gnädig ist voll Huld und Macht!*

Lesen Sie als Vorbereitung der Meditation den Text mehrmals durch, bis eine der Fragen ihr eigenes Staunen wachruft und sie bereit sind, Schönheit und Zuordnung in der Natur wahrzunehmen.

Übungsanleitung

– Lassen Sie sich mit den gewohnten Schritten zur Ruhe kommen.
– Wiederholen Sie im Raum der inneren Stille jene Frage, die am meisten in Ihnen wachruft: Bilder der Natur, Pflanzen, Bäume, Tiere, Bäche… Erfahrungen der Geborgenheit und Harmonie.
– Lassen Sie in der inneren Stille auch Raum für die Bereitschaft, den Schöpfer zu erspüren, jene liebende, gestaltende Kraft, die die Vielfalt der Geschöpfe geschaut und entfaltet hat. Stimmen Sie, wenn möglich, in den staunenden Dank der Verse ein.

Vielleicht wird Ihnen auch das folgende Gedicht von Franz Fassbind zu einem Meditationsimpuls!

Reinheit

Lotos,
Unbefleckt auf dem Wasser;
Das Ornament der Blüte
Gefügt wie virgilianische Verse:
O, die Geistlichen Übungen der Natur!

Die Vollendung der Lust
Jenseits aller Zügellosigkeit und
Der sieghafte Sinn der Demut,
Vorgebildet im Gewächs einer
Rose!

»Wähle, Battista,
Wähle die Werte, denen du dienen willst!«

Franz Fassbind

2.5 Der Atem des Lebens

Vorbereitung

Im Rahmen der religiösen Meditationen möchten wir Sie auch mit den hinduistischen Traditionen kurz bekannt machen, zu kurz allerdings, denn wie keine andere Religion haben sich die verschiedenen Strömungen des Hinduismus mit der Meditation zusammengetan, ist das religiöse Sprechen aus den Erfahrungen der Meditation hervorgegangen.

Im Hinduismus ist es eine Selbstverständlichkeit, daß in der Schöpfung, durch die Schöpfung hindurch Gott erfahren werden kann. Diese Gotteserfahrung besitzt drei für uns westliche Menschen vorerst fremd anmutende Eigenheiten; zum einen: von der schöpferischen Kraft kann auf verschiedene Art gesprochen werden, in der Form von mythologischen Erzählungen, in nicht-personaler Form und in personaler Form; zum zweiten: die äußeren Gegebenheiten der Schöpfung können auch Täuschungen sein, die Sinneswahrnehmungen sind deshalb zu überschreiten; zum dritten schließlich: im Menschen selber ist das Göttliche anwesend, und diese Präsenz zu entdecken und die eigene Entfaltung im Göttlichen aufgehen zu lassen, ist die zentrale Aufgabe jeden Lebens.

Das erste Textbeispiel aus dem sehr alten *Atharva-Veda* (übersetzt von I. Puthiadam und M. Kämpchen) bezeichnet Gott als prana, als Lebensatem, als Lebensenergie – spricht also auf eine nicht-personale Art von Gott –, dieser Atem ist überall anwesend und am Werk. Gehen Sie wie bei den vorangegangenen Übungen vor: Wählen Sie jene Passage, die Ihnen am besten hilft, die vielleicht fremden Vorstellungen zuzulassen und aufzunehmen, zu verkosten und anzueignen.

Wir huldigen dem Atem des Lebens,
denn dieses ganze Universum gehorcht ihm.
Er ist der Herr aller Dinge geworden,
alles hat in ihm seinen Ursprung. (…)
Wir huldigen Dir beim Einatmen.
Wir huldigen Dir, Lebensatem, beim Ausatmen:
Wir huldigen Dir, wenn Du Dich abwendest,
wir huldigen Dir, wenn Du Dich uns wieder zukehrst!

Dir gebührt in allem, ja in allem Huldigung.
Der Atem des Lebens nimmt die Kreaturen als sein Gewand.
Er nimmt sie wie ein Vater seinen geliebten Sohn.
Der Atem des Lebens ist der Weltenherr,
der Herr aller, die atmen, der Herr von allem, was ohne Atem ist.
Oh Atem des Lebens, wende Dich nicht ab von mir:
Ich selbst verschmilze mit Dir.
Wie ein Lebenskeim im Wasser:
So umgebe und binde ich Dich in mir, damit ich lebe!

Übungsanleitung

– Lassen Sie sich mit den gewohnten Schritten zur Ruhe kommen.

– Horchen Sie auf den Lebensatem, wie er spürbar, hörbar in Ihrem Atem fließt.

– Halten Sie sich offen für die Erfahrung des Lebensatems, des Energiestromes, der in Ihnen fließt, der zwischen Ihnen und anderen Menschen fließt, der Ihnen zufließt in dem, was Sie leben läßt.

– Lassen Sie sich leiten von den Worten des Textes, die Sie ansprechen. Versuchen Sie sich zu sehen als durchpulst, als durchströmt, als geatmet.

Abschluß

1. Wenn die Hindus vom Göttlichen, so wie es im Menschen gegenwärtig ist, zu sprechen versuchen, bezeichnen sie dieses Göttliche gern mit dem Wort atman; dieses Wort ist von der Wurzel her mit dem deutschen Wort für Atem, atmen verwandt.

2. Vielleicht spricht Sie nun der alte Schöpfungsbericht am Anfang der Bibel neu und anders an, und er wird für Sie zum Meditationsimpuls:

Als Gott, der Herr, Erde und Himmel machte, gab es zunächst noch kein Gras und keinen Busch in der Steppe; denn Gott hatte es noch nicht regnen lassen. Es war auch noch niemand da, der das Land bebauen konnte. Nur aus der Erde stieg

Wasser auf und tränkte den Boden. Da nahm Gott Erde, formte daraus den Menschen und blies ihm den Lebenshauch in die Nase. So wurde der Mensch lebendig.

Genesis 2,4-7

Form des Innern

Das Innere schwingt hinaus und schwingt zurück.
Das ist der Pendelgang von Tod und Leben.
Zwischen den Dingen und Ideen weben
Uns Raum und Zeit das buntgewirkte Stück.

Im Leibe wird Gedachtes volle Form,
Das Wort ist Medium zartester Gestaltung,
der Farbenbogen strahlender Entfaltung
In sich gegründeter urewiger Norm.

Gottes Gewichte lagerten sich rund,
So rinnt er ruhig aus der heiligen Mitte
In sich zu sich, und nichts das ihm entglitte
Aus seinem strömenden, erfüllten Grund.

Albin Zollinger

2.6 Mutter – Schöpfergott – Weltenherr

Vorbereitung

Das zweite Textbeispiel stammt aus der *Bhagavad- Gita* (übersetzt von I. Puthiadam und M. Kämpchen), es spricht personal von Gott: Krishna offenbart sich als die schöpferische, über alles herrschende Macht. Je nach Ihrer persönlichen Herkunft und kulturellen Prägung kann es Ihnen mehr oder weniger schwer fallen, sich in die nicht-personale oder personale Sprechweise von Gott, in die Erfahrungswelt einer anderen Religion, in die Erfahrungswelt der Religion überhaupt hineinzufühlen, Sie erfahren – je nach dem – Vertrautheit oder Befremden. Betrachten Sie die Meditation immer wieder als Freiraum, in dem Sie sich, geschützt und unverstellt, neuen Sinnen und neuen Erfahrungen öffnen können.

Wählen Sie aus dem Text jene Wendungen, die Sie am meisten ansprechen. Benützen Sie die Meditation, um sich in das Vertrauen vorzuwagen, das aus dem Text spricht: wir Menschen sind eingeladen, bewußt an Gott teilzuhaben, dem innersten Wesen aller Geschöpfe, ihm in Liebe zu dienen.

Der Erhabene Herr spricht:
Ich bin der Vater dieser Welt,
bin Mutter, Schöpfergott und Weltenherr,
und alles Wissen, das notwendig ist;
Kelch der Reinheit, die heilige Silbe OM
und die Heiligen Schriften insgesamt.
Ich bin der Weg, der Erhalter, Gott und Zeuge,
Heimat und Zufluchtsort und Freund,
ich bin Ursprung, Auflösung und Entfaltung der Welt,
bin die Schatzkammer allen Seins, das ewig fruchtbare Samenkorn. (…)
Ich bin die Seele
Im Herzen aller Wesen,
bin Anfang, Mitte und Ende
von allem, was lebt.

– Lassen Sie sich mit den gewohnten Schritten zur Ruhe kommen.
– Wiederholen Sie für sich jene Worte des Textes, in denen eigene Erfahrungen aufklingen, in denen die eigene Sehnsucht lebendig wird.
– Tasten Sie sich in die Antwort eines glaubenden Menschen hinein, der auf diese Offenbarung Gottes in Liebe reagiert. Weiten Sie Ihre eigene Sehnsucht aus, indem Sie sie mit dieser Liebesantwort verbinden.

Abschluß

Nehmen Sie sich bewußt Zeit, einmal Ihre persönliche Religiosität /Nicht-Religiosität zu reflektieren. Vielleicht eignen sich Aufzeichnungen dazu, vielleicht suchen Sie das Gespräch mit einem Menschen, von dem Sie den Eindruck haben, daß er oder sie ehrlich und offen im Leben steht. Vielleicht können Sie die Formen kombinieren, indem Sie jemandem einen Brief schreiben – der nicht unbedingt abgeschickt werden muß – und Ihre Sicht und Ihre Geschichte mit der Religion skizzieren.

Sicher hilft Ihnen dabei eine klare, vorurteilsfreie Beobachtung Ihrer eigenen Reaktionen bei den vorangegangenen Übungen.

2.7 In Gemeinschaft mit der ganzen Schöpfung vor Gott

Vorbereitung

In der christlichen Tradition hat Franz von Assisi (1181-1226) mit dem *Sonnengesang* – Sie kennen ihn von Band 1 (S. 189-190) – seinen mystischen Erfahrungen Ausdruck gegeben, daß in der Zuordnung der Geschöpfe Gottes Liebe und Fürsorge am Werk ist, daß wir Menschen in der Erkenntnis der Geschöpfe nicht nur uns selber, sondern auch Gottes Wesen erfassen können.

Der *Sonnengesang* bietet »Stoff« für viele Meditationen. Sie selber müssen festlegen, wie lang und wie ausgiebig Sie sich ihm widmen wollen, beginnen Sie mit jenen Strophen, die Sie besonders ansprechen, aber lassen Sie jene Strophen, die auf Sie fremd wirken, nicht ganz beiseite. Der *Sonnengesang* ist nicht nur ein Text mit religiösem Inhalt, er ist auch künstlerisch sehr wertvoll, – leider kann eine Übersetzung die künstlerische Gestalt nie ganz wiedergeben, wir legen Ihnen deshalb eine weitere Übersetzung vor, die Übersetzung von E. Jungclaussen. Viele Künstler und Künstlerinnen (vor allem Malerei und Musik) haben den *Sonnengesang* als Impuls für das eigene Schaffen gewählt; möglicherweise gelingt es Ihnen, über solche künstlerischen Auseinandersetzungen Ihren Zugang zu den Erfahrungen von Franz von Assisi noch zu vertiefen.

Du höchster, allmächtiger, guter Herr,
dein ist Lobpreis und Ruhm,
Ehre und jeglicher Segen.
Dir allein, Höchster, gebühren sie.
Und keiner der Menschen ist wert,
dich im Munde zu führen.

Sei gelobt, mein Herr,
mit all deinen Kreaturen.
Sonderlich mit der hohen Frau,
unserer Schwester Sonne,
die den Tag macht und mit der du uns leuchtest.
Schön und strahlend im mächtigen Glanz,
ist sie dein Sinnbild, du Höchster!

Sei gelobt, mein Herr,
durch Bruder Mond und die Sterne.
Du hast sie am Himmel geformt
klar, kostbar und schön.

Sei gelobt, mein Herr,
durch Bruder Wind, durch Luft und Gewölk,
durch heitres und jegliches Wetter.
Alle Kreatur belebst du durch sie.

Sei gelobt, mein Herr,
durch Schwester Wasser.
Sie ist so nützlich, gering, köstlich und keusch.

Sei gelobt, mein Herr,
durch Bruder Feuer.
Durch ihn erhellst du die Nacht,
schön ist er, heiter und kraftvoll und stark.

Sei gelobt, mein Herr,
durch unsere Schwester Mutter Erde.
Sie ernährt und versorgt uns
und zeitigt allerlei Früchte,
farbige Blumen und Gras.

Sei gelobt, mein Herr,
durch die, so verzeihen in deiner Liebe,
die Krankheit tragen und Trübsal.
Selig, die da dulden in Frieden.
Von dir, du Höchster, empfangen sie die Krone.

Sei gelobt, mein Herr,
durch unseren Bruder, den Leibestod.
Kein Lebender kann ihm entrinnen.
Weh denen, die sterben in Todessünden!
Selig, die sterben,
geborgen in deinem heiligsten Willen!
Der zweite Tod vermag nichts wider sie.

Lobet und preist meinen Herrn,
danket und dient ihm in großer Demut.

– Lassen Sie sich zur Stille kommen.

– Versuchen Sie, sich durch einzelne Sätze in das Lob Gottes, in die Hinwendung zu Gott hineintragen zu lassen.

– Integrieren Sie in das Lob Gottes auch jene Geschöpfe, jene Brüder und Schwestern, die Ihnen wichtig geworden sind.

– Verweilen Sie in der Stille, mit der ganzen Schöpfung auf Gott ausgerichtet.

Abschluß

Falls Sie ähnlichen Gedanken noch weiter nachgehen möchten, formuliert in der Sprache unserer Zeit, empfehlen wir Ihnen *Das Buch von der Liebe*, geschrieben vom Dichter und Politiker Ernesto Cardenal.

3. Übungsreihe

Das Gelingen der Liebe
Die religiöse Dimension
der menschlichen Beziehungen (1)

Einleitung

Wenn Sie sich an den Aufbau dieses Meditationslehrganges gehalten haben, so liegen hinter Ihnen viele Meditationsstunden, die der Entdeckung und Vertiefung Ihrer Beziehungen gewidmet waren, Meditationsstunden und sicher auch Stunden des Nachdenkens und Ringens. Denn im Bereich der Beziehungen werden uns nicht nur die schönsten Erfahrungen geschenkt, sondern oft auch die schwersten.

Je nach Ihrer Lebensgeschichte haben Sie möglicherweise bereits bei Übungen in Band 2, *Entdeckung der Liebe*, ein Bewußtsein für die religiöse Dimension, d.h. für das Geheimnis der menschlichen Beziehungen entwickelt: ein Gespür für den Auftrag, den wir gegenseitig füreinander besitzen, eine Rücksicht auf die Entfaltung eines anderen Menschen, die Verantwortung für die uns anvertrauten Menschen, die innere, vielleicht auch äußere Ekstase in der Begegnung mit dem geliebten Du. Es ist schwierig, die religiöse Dimension einer Beziehung genau zu beschreiben, vielleicht kann wieder die Vorstellung der Mitte das Gemeinte andeuten: das, was ich selber in eine Beziehung einbringe, und das, was die andere Person bewußt oder unbewußt in der Beziehung bedeutet, wird von einer Mitte gehalten und mitbestimmt, über die weder ich noch die andere Person bestimmen können. Die Mitte bekommt einen Eigenwert, eine Eigendynamik, sie wird zur *Mitte*. Die religiöse Dimension unserer vielfältigen Beziehungen wird auch in den folgenden Worten vorsichtig und gut beschrieben:

(Die gelingende Liebe) ist Ausdruck der Unverfügbarkeit und der Würde allen menschlichen Lebens. Sie nimmt das »Zwischen« im Begriff »Zwischenmensch-

lichkeit« ernst und wörtlich: Was sich nämlich wirklich in den vielen Erscheinungs-formen der Liebe ereignet, liegt »zwischen« uns, ist weder Ich noch Du. Es ist ein Wir, ein Geheimnis, das wir nicht fassen und letztlich nicht herstellen, mit dem wir nicht operieren können, das sich unserer Verfügung immer wieder entzieht. Dieses Geheimnis, das Wir gelingender Liebe, ist die dritte Kraft, ist das, was Gott in und zwischen uns wirkt.

Johannes Thiele

Was sich in unseren Begegnungen und Beziehungen abspielt, lebt von der Bewegung, von der Sorge und von der Überraschung, vom Vertrauen und von der Hingabe; diese Bewegung läßt sich kaum in die Meditation übertragen. Und doch läßt sich das Geschehen der Meditation, ihr innerer Prozeß, im Bereich der Beziehungen mehrfach einsetzen,
– etwa um einer Beziehung mehr Tiefe, mehr Boden zu schenken,
– um der »dritten Kraft« oder der *Mitte* einer Begegnung nachzuspüren,
– um einen Menschen – und uns im Bezug zu diesem Menschen – in neue Entfaltungsmöglichkeiten zu entlassen,
– um unser Ja zu einer bestimmten Person im geschützten Raum der Stille von allen Bedingungen und Ängsten zu befreien.

»Verantwortung« faßt das eben Umschriebene zusammen, – wenn Sie diesen Begriff nicht belasten mit den Vorstellungen von Leistung und Druck.

Im Band *Entdeckung der Liebe* sind Sie in der 2. Reihe *Der eigene Stammbaum*, in der 4. Reihe *Du bist für deine Rose verantwortlich* und in der 7. Reihe *Alle Menschen sind liebenswert* bereits zur Verantwortung hingeführt worden. Die folgenden Meditationen nehmen vieles wieder auf; es kann zu Ihrem Vorteil sein, wenn Sie die früheren Übungen noch einmal vornehmen und sich auch Ihren damaligen Notizen aussetzen.

Wir betrachten die Verantwortung als den entscheidenden Schritt in unserem Bewußtsein, wenn wir die Mitte unserer Beziehungen wahrnehmen wollen. Wir möchten Sie in den Übungen entdecken lassen, daß Verantwortung nicht etwas Künstliches, Zugeschobenes ist, sondern im Tiefsten für eine Beziehung stimmt. Wenn wir uns auf Verantwortung einlassen, erfahren wir eine neue Kraft in und aus der Beziehung, so daß wir schließlich auch »schwächeren Geschöpfen« gegenüber beziehungsfähig sind. – Gesellschaftlich und ökologisch leben wir ja heute in Situationen, in denen die Stärkeren bewußt etwas für die Schwächeren tun müssen, auch wenn die Schwächeren oft kaum mehr in der Lage sind, ihre Rechte zu fordern oder durchzusetzen…

Die Schritte der Meditation

Halten Sie sich an die gewohnten Schritte, sowohl bei der Vorbereitung der Meditation, als auch bei der eigentlichen Übung.

Sie erinnern sich: Wenn Sie sich in der Meditation mit einer bestimmten Person befassen, so sollten Sie bereits bei der Vorbereitung festlegen, wen Sie meditieren. Personen, zu denen Sie eine vor allem oder ausschließlich sexuelle Beziehung haben, eignen sich wenig, da Sie in einem solchen Fall Gefahr laufen, während der Meditation Ihren sexuellen Erlebnissen nachzuhängen. Wenn es sich bei der Nacharbeit einer Übung herausstellt, daß Sie auf Grund einer emotionalen Unruhe während der Übung kaum zur Meditation gekommen sind, versuchen Sie zur Ruhe zu kommen, indem Sie die Übung noch mehrmals wiederholen – damit die meditierte Person den emotionalen Anreiz etwas verliert – oder indem Sie für die Meditation eine andere, emotional weniger aufregende Person wählen.

Halten Sie sich an die folgenden Schritte:
– Lesen Sie die Vorbereitung und die Übungsanleitung der Übung genau durch, prägen Sie sich ein, was für Sie persönlich in dieser Übung wichtig ist.
– Richten Sie sich an Ihrem Meditationsplatz auf die gewohnte Art ein.
– Lenken Sie Ihre Aufmerksamkeit auf Ihren Körper, auf Ihre Sitzhaltung. Versuchen Sie, in Ihrem Körper bewußt gegenwärtig zu sein.
– Lenken Sie Ihre Aufmerksamkeit auf den Atem. Beeinflussen Sie ihn nicht, aber benützen Sie den regelmäßigen Rhythmus der Atmung, um in eine innere Stille zu gelangen.
– Lassen Sie die Stille wie etwas in Ihnen schon Vorgegebenes zu, lassen Sie störende Gedanken und Gefühle wegfließen. Erst wenn Sie in der Stille wirklich zur Ruhe gekommen sind, gehen Sie zu den speziellen Punkten der Übung.

An dieser Stelle folgen nun die Schritte, die in jeder Übung speziell angegeben werden.

– Lassen Sie sich immer wieder zurück in die Stille, sie bildet den eigentlichen Entfaltungsraum der Meditation.

– Wenn Sie die Meditation abschließen möchten, lenken Sie Ihre Aufmerksamkeit am besten wieder auf den Atemrhythmus, dann auf Ihren Körper. Schließen Sie mit einer entspannenden Bewegung des Nackens, noch besser: mit einer bewußten Verneigung.

– Widmen Sie sich der Nacharbeit – am besten gleich im Anschluß an die Übung oder dann zu einem späteren, geeigneten Zeitpunkt.

3.1 Der entscheidende Mensch (1)

Vorbereitung

Am besten wiederholen Sie die gleichnamige Übung 2.2 im Band *Entdeckung der Liebe*.

Wählen Sie nun für Ihre Meditation wiederum die selbe Person oder, falls Sie Gründe dafür haben, eine andere Person. Es sollte jemand sein, der in Ihrem Leben eine prägende Rolle gespielt hat oder immer noch spielt. Versuchen Sie während der Meditation diese Person wie ein inneres Bild wahrzunehmen.

Übungsanleitung

– Lassen Sie sich zur Ruhe kommen.

– Vergegenwärtigen Sie sich die Person, die Sie für die Meditation gewählt haben. Lassen Sie das, was Sie mit dieser Person verbindet, wortlos wie einen Lichtstrahl von Herz zu Herz fließen.

– Geben Sie Ihrer inneren Stille die Färbung des Einverständnisses: Sie lassen diese Beziehung zu, Sie nehmen sie an, Sie übernehmen Verantwortung für diese Beziehung.

– Öffnen Sie sich für die Kraft, für die »Gnade«, die die Beziehung nun entfalten kann, da Sie sie akzeptieren.

– Verweilen Sie in den Fragen: was/wer hat uns einander zugeordnet? Wo liegt die Mitte unserer Beziehung?

Nehmen Sie sich Zeit, die Geschichte der eben meditierten Beziehung in einem kleinen Dankesbrief zusammenzufassen.

An wen adressieren Sie den kleinen Dankesbrief?

Meiner Mutter

Nun mein Herz nicht mehr
weiß wie es schlagen soll
kriech ich zurück in den
Schoß der mich trug
nabele mich wieder an da
haben wir ich erinnere mich
zwei Herzen eins horcht
auf das andere zwei
Lungen zum Atmen vier
Hände zum Beten wenn auch
meine noch schwach sind
doppelten Mut und ich
weiß noch halb
soviel Angst

Eva Zeller

3.2 Der entscheidende Mensch (2)

Vorbereitung

Am besten wiederholen Sie die gleichnamige Übung 2.7 im Band *Entdeckung der Liebe*.

Es gelten die selben Regeln wie in der vorangegangenen Übung.

Übungsanleitung

– Lassen Sie sich zur Ruhe kommen.

– Vergegenwärtigen Sie sich die Person, die Sie zur Meditation gewählt haben. Es ist jemand, der Ihnen anvertraut ist, für den Sie wichtig geworden sind. Lassen Sie das, was Sie mit dieser Person verbindet, wie einen Lichtstrahl von Herz zu Herz fließen.

– Geben Sie Ihrer inneren Stille die Färbung des Einverständnisses: Sie übernehmen Verantwortung für diese Beziehung.

– Öffnen Sie sich für die Kraft, für die »Gnade«, die die Beziehung nun entfalten kann, da Sie sie akzeptieren.

– Verweilen Sie in den Fragen: was/wer hat uns einander zugeordnet? Wo liegt die Mitte unserer Beziehung?

Abschluß

Vielleicht kann es auch nach dieser Meditation heilsam sein, die Geschichte der eben meditierten Beziehung in einem kleinen Dankesbrief zu gestalten.

An wen adressieren Sie Ihren kleinen Dankesbrief?

3.3 An der Quelle der Verantwortung

Vorbereitung

Am besten wiederholen Sie die Übung 4.1 im Band *Entdeckung der Liebe*.

Bei dieser Meditation achten Sie während der ganzen Übung stark auf den Atemrhythmus. Seien Sie dabei äußerst vorsichtig: Es geht nicht darum, den Atem zu beeinflussen oder zu gestalten, es geht vielmehr darum, den Atem zu beobachten und im regelmäßigen Atemfluß zur Ruhe zu kommen.

Übungsanleitung

– Lassen Sie sich zur Ruhe kommen.
– Beobachten Sie Ihren Atemrhythmus. Lassen Sie sich den Atem gefallen. Versuchen Sie in Ihrem Atem das Ja des Lebens zu erspüren, das Ihnen – einfach so, geschenkt, umsonst – zufließt.
– Verbunden mit dem Atemrhythmus, versuchen Sie auch, leicht, spielerisch, fließend, sich Menschen zu vergegenwärtigen, die sich Ihnen zugewandt und so das Ja des Lebens zugesprochen haben.
– Halten Sie sich offen für diese Lebensfülle, die Ihnen zugeflossen ist und auch jetzt, spürbar im Atmen, zufließt. Stimmen Sie ein in das Ja des Lebens, übernehmen Sie so Verantwortung für das Leben.

Abschluß

Falls Ihnen diese Übung Mühe bereitet hat, nehmen Sie sich bitte in einem günstigen Augenblick die Zeit, Ihr Leben zu überdenken: Wo könnten die Verletzungen und Hindernisse begründet sein, die es Ihnen unmöglich machen, das Leben zu akzeptieren und es in die Eigenverantwortung zu übernehmen?

Möglicherweise ist es sogar notwendig, daß Sie mit jemand anderem diese Probleme besprechen, mit jemandem, dem Ihr Leben vertraut ist, mit einem Psychologen oder Psychologin, mit einer Person, die sich in der »Seelsorge« auskennt.

3.4 Du und ich: »wir«

Vorbereitung

Am besten wiederholen Sie die Übung 8.7 im Band *Entdeckung der Liebe*.

In mehreren Übungen ist nun auf die Verantwortung hingewiesen worden. In diesem Begriff stecken Wort/Antwort; Verantwortung heißt letztlich: Ich lasse mich bewußt auf das Gegen-Wort, das Gegenüber-Wort, das ergänzende und herausfordernde Wort ein, das eine andere Person für mich ist, um diesem Wort wiederum Antwort zu sein.

Vollziehen Sie diese Meditation, indem Sie sich jemanden vergegenwärtigen, der in Ihrem Leben einen großen Stellenwert besitzt.

Übungsanleitung

– Lassen Sie sich zur Ruhe kommen.
– Vergegenwärtigen Sie sich selber: Sie sind in der Meditation. Vergegenwärtigen Sie sich die andere Person. Auch wenn Sie jetzt nicht zusammen sind, nicht miteinander sprechen, so gibt es doch zwischen Ihnen und dieser Person eine Verbindung, eine Verantwortung.
– Versuchen Sie die »Verantwortung« zu sehen, zu hören, zu fühlen: wie sind Sie einander Wort – Antwort – Gegen-Wort – Frage – Bitte – Echo – Bestätigung…
– Verweilen Sie in der Frage: was/wer hat dieser Wort- Antwort-Kette den ersten Laut geschenkt, was/wer hat sie zusammengefügt?

Von Tiefe zu Tiefe

Nicht, geliebt zu werden
Verlangt es das Herz,
Aber zu lieben
schweift es ruhelos
Wie der Strom
Der das Meer sucht,
Sich aufzulösen
In seiner Tiefe.
Denn Tiefe
hat es in sich, was sich sehnt,
Und es fällt
Von Tiefe zu Tiefe
Zur letzten Tiefe,
Von Liebe zu Liebe,
Zur letzten Liebe,
Zum Tod,
Denn den Tod
Hat es in sich, was lebt,
Und Gott ist im Tode
die Tiefe

Albin Zollinger

3.5 Die Mitte der Freundschaft

Vorbereitung

Wählen Sie für diese Meditation einen Menschen, mit dem Sie aktuell oder in der Vergangenheit eine längere, ausgedehnte Zeit der Freundschaft (haben) leben dürfen.

Übungsanleitung

– Lassen Sie sich zur Ruhe kommen.
– Vergegenwärtigen Sie sich Ihren Freund/Ihre Freundin.
– Lassen Sie sich im inneren Blick auf diese Person bewußt werden: da gab es Zeiten, in denen Sie belebt und getragen waren von der Kraft, die Ihre Freundschaft weckte. Da gab es aber auch Zeiten, in denen Sie Kraft in die Freundschaft investieren mußten, damit sie weiterbestehen konnte…
– Verweilen Sie im Vertrauen darauf, daß die Kraft der Liebe Sie vielfältig durchströmen kann, als das Geschenk einer anderen Person für Sie, als Ihr Geschenk für eine andere Person, als eine Kraft, die auch Spannungen durchzutragen vermag, als eine Kraft, die den Egoismus aufbrechen kann.

3.6 »Sind so kleine Hände« (Bettina Wegner)

Vorbereitung

Was Verantwortung im Tiefsten meint, erweist sich dort, wo jemand schwächeren Menschen gegenüber die richtige Antwort findet, sie nicht seine Übermacht, sondern seine verständnisvolle Hilfe spüren läßt. Diese Verantwortung gegenüber schwächeren, wehrlosen Wesen wird uns am leichtesten nachvollziehbar in unserer Beziehung zu Kindern, sei es den eigenen Kindern gegenüber, sei es anderen, uns anvertrauten Kindern gegenüber.

Vollziehen Sie die Übung, indem Sie sich ein konkretes Kind vergegenwärtigen, ein Kind, dem Sie Antwort waren oder sind, ein Kind, dem gegenüber Sie Verantwortung zeigten oder zeigen.

Übungsanleitung

– Lassen Sie sich zur Ruhe kommen.
– Vergegenwärtigen Sie sich das Kind. Führen Sie sich seine Hilflosigkeit, seine Wehrlosigkeit vor Augen. Lassen Sie sich bewußt werden, wie sehr ein Kind in unserer Welt von Erwachsenen unser Wort, unsere Antwort, unsere Verantwortung braucht.
– Lassen Sie Situationen und Momente wach werden, in denen Sie dem Kind in einer bewußten oder unbewußten Selbstverständlichkeit Antwort waren, bzw. sind.
– Versuchen Sie wahrzunehmen, wie sehr es Sie verändert, ein Kind zu verantworten, einem Kind Antwort zu sein.

Abschluß

1. Diese Meditation kann Ihnen vielleicht erschließen, was Jesus in seinen verschiedenen Aussagen rund um das Kind gemeint hat: Wer sich auf ein Kind einläßt und ihm die lebensnotwendige Zuwendung schenkt, realisiert die schöpferische Liebe Gottes und macht sich selber zum Medium dieser schöpferischen Liebe; wer in seinem eigenen Leben trotz aller Spannungen und Widerstände ein kindliches Vertrauen entwickelt, öffnet sich der überraschend gegenwärtigen Liebe Gottes, provoziert diese Liebe Gottes.

In den Aussagen Jesu werden sein eigenes Vertrauen gegenüber Gottes Wirken deutlich und auch seine Bereitschaft, dieses Wirken selber weiterzutragen.

2. Die Aussagen Jesu eignen sich gut zur Meditation, zur Vertiefung der vorangegangenen Übung.

Jesus winkte ein Kind heran, stellte es in die Mitte der Jünger, nahm es in seine Arme und sagte: »Wer in meinem Namen solch ein Kind aufnimmt, der nimmt mich auf. Und wer mich aufnimmt, der nimmt nicht nur mich auf, sondern gleichzeitig den, der mich gesandt hat.«

Markusevangelium 9,36-37

Einige Leute brachten ihre Kinder zu Jesus, damit er ihnen die Hände auflegte, aber die Jünger wiesen sie ab. Als Jesus es bemerkte, wurde er zornig und sagte zu seinen Jüngern: »Laßt die Kinder doch zu mir kommen und hindert sie nicht, denn gerade für sie steht die neue Welt Gottes offen. Täuscht euch nicht: wer sich der Liebe Gottes nicht wie ein Kind öffnet, wird sie niemals erfahren.« Dann nahm er die Kinder in die Arme, legte ihnen die Hände auf und segnete sie.

Markusevangelium 10,13-16

4. Übungsreihe

Frieden für alle
Die religiöse Dimension
der menschlichen Beziehungen (2)

4.1 Die Wehrlosigkeit der Natur

Vorbereitung

Immer deutlicher zeigt es sich, daß wir Menschen unsere Stellung in der Natur neu entdecken müssen, denn zu lange ist der Mensch sich als Herr der Natur vorgekommen: er hat über sie bestimmt, hat sich ihre Schätze angeeignet, hat die Erde ausgeplündert und zerstört… Das war keine Antwort auf die Erde, keine Verantwortung gegenüber der Natur, denn die Natur ist wehrlos…

Übungsanleitung

– Lassen Sie sich zur Ruhe kommen.
– Lassen Sie zu einem inneren Bild werden: Orte, Plätze, an denen Sie die Natur in ihrer Lieblichkeit und in ihrem Reichtum erfahren haben. – Erspüren Sie, was es heißt, der Natur gegenüber Verantwortung zu übernehmen.
– Lassen Sie zu einem inneren Bild werden: Orte, Plätze, an denen Sie die Wunden wahrgenommen haben, die wir Menschen der Natur zugefügt haben. – Erspüren Sie, was es heißt, der Natur gegenüber Verantwortung zu übernehmen.
– Wir sind eingebettet in die Natur, Wesen dieser umfassenden Schöpfung, – und zugleich ist uns die Natur anvertraut, tragen wir für die Schöpfung Verantwortung.
– Erspüren Sie, was es heißt, der Natur gegenüber Verantwortung zu übernehmen.

Abschluß

1. Verantwortung gegenüber der Natur: die Vision vom großen, kosmischen Menschen trifft zusammen mit alltäglichen, kleinen Verrichtungen; nehmen Sie sich Zeit, zu skizzieren, wie sich an Ihrem konkreten Lebensort Ihre Sorge um die Natur auszudrücken hat, bleiben Sie nicht bei allgemeinen Vorstellungen, lassen Sie sich – der Natur zuliebe – konkrete Aktionen einfallen…

2. Die Wehrlosigkeit der Natur ist heute auch zu einem Thema der Literatur geworden. Im folgenden Prosagedicht läßt Franz Fassbind die Erde ihr Leiden ausdrücken, er läßt sie in biblischen Formulierungen sprechen, die an Sätze der Leidensgeschichte Jesu und an Sätze der alttestamentlichen Klagepsalmen erinnern. Er weist damit auf die religiöse Dimension der Naturzerstörung hin.

Spruch des erschöpften Planeten: Wie der Mann bin ich, welcher von Jerusalem hinabzog nach Jericho und unter die Räuber fiel.

Sie teilten meine Kleider unter sich und warfen das Los um mein Gewand. Wie reißende Wölfe sind sie über mich gekommen. Sie haben meine Hände und Füße durchbohrt. Alle meine Gebeine haben sie gezählt.

Mit Grausen sehe ich meinen Körper, die Haut meines Körpers und die Farbe meiner Haut. Der Pesthauch der Verzweiflung steigt aus meinen Wunden. Sie haben meine Meere vergiftet und meine Länder zur Wüste gemacht. Meine Speicher sind leer. Dahin ist meine Kraft. Zum Mond meines Mondes bin ich geworden.

Sie haben die Endlösung angeordnet und diesmal auch verwirklicht: Mein unfreiwilliges Strip-tease im globalen Varieté des kosmischen Theaters.

Sie entschieden, bevor sie begriffen hatten. Nun begreifen sie und können nicht mehr entscheiden.

Aber da ist noch ein reisender Samariter zwischen dem Aeon des Hasses und dem Aeon der Liebe, der uns die Erlösung versprochen hat und der sein Wort halten wird, wenn er wiederkommt als Richter und Retter wie in der Sixtina: Siegreich und nackt, weil nur mit der Ehre meiner Armut bekleidet.

Nichts was wir denken können, ist unmöglich. Ich will Hoffnung tragen, die einzige Hülle, welche mir bleibt.

Franz Fassbind

4.2 Frieden für alle (1)

Vorbereitung

Das Modell für die nächsten beiden Übungen kennen Sie bereits aus dem Band *Entdeckung der Liebe*, und zwar von den Übungen 7.4-7 *Ich teile die Geborgenheit und Liebe mit anderen / Ich teile die Geborgenheit und Liebe mit allen*. Das Modell dieser Übungen liegt vielen Meditationen der buddhistischen Mönche zugrunde. Denn neben der Meditationspraxis, die auf die Befreiung von den sinnenhaften Wahrnehmungen und von den sozialen und psychischen Gegebenheiten abzielt, kennen die buddhistischen Mönche auch ein Meditieren, das ihnen helfen soll, bestimmte innere Grundhaltungen wie z.B. Friede, Liebe, Mitleid, Gelassenheit usw. in ihrem Leben immer besser zu realisieren. Diese Haltungen üben sie in der Meditation in klug bemessenen Schritten ein: so wird die Friedensbereitschaft vorerst als Herzenshaltung geübt, dann wird – innerlich – eine erste Konkretisierung durchgespielt, und zwar anhand einer – vorgestellten – Situation, in der es leicht möglich ist, den Frieden durchzuhalten. Der Meditierende versucht dann seine Friedensbereitschaft in immer komplizierteren und gewagteren Situationen durchzuspielen, um auch im Alltag den Anforderungen gewachsen zu sein und den Frieden tatsächlich leben zu können.

Diese Übungsreihe steht unter dem Aspekt der Verantwortung. Deshalb möchten wir Ihnen zumuten, nach diesem buddhistischen Modell um den Frieden zu ringen und sich für den Frieden einzusetzen. Es ist uns allerdings bewußt, daß der Friede von so vielen Faktoren abhängt, daß wir ihn nicht machen und garantieren können, der Friede ist ein Geschenk. Wenn Sie während der Meditation merken, daß für Sie das Ringen um den Frieden zu einer bedrückenden Leistung wird, so ergänzen Sie die Übung mit einer anderen Meditation, die Sie zum Frieden und zur Ruhe kommen läßt.

Übungsanleitung

– Lassen Sie sich zur Ruhe kommen.
– Lassen Sie in Ihrem Herzen die Gesinnung des Friedens wach werden. Lassen Sie diesen inneren Frieden zu einer körperlich- seelischen Stimmung werden, die

70

Sie nicht nur erfüllt, sondern auch umgibt. Begleiten Sie diese Entfaltung des Friedens von Zeit zu Zeit mit den inneren Worten: Ich wünsche mir Frieden. Ich wünsche Frieden für alle.

– Versuchen Sie innerlich den Ort zu sehen, an dem Sie nun meditieren: das Zimmer, das Haus, den Wohnblock. Dehnen Sie den Frieden auch auf diesen Ort aus. Begleiten Sie die Entfaltung des Friedens von Zeit zu Zeit mit den inneren Worten: Ich wünsche mir Frieden. Ich wünsche Frieden für alle.

– Versuchen Sie innerlich Ihren Blick noch auszuweiten, die Ortschaft, die Stadt zu sehen, in der Sie leben und jetzt meditieren. Dehnen Sie den Frieden auch auf das Dorf oder die Stadt aus. Begleiten Sie die Entfaltung des Friedens von Zeit zu Zeit mit den inneren Worten: Ich wünsche mir Frieden. Ich wünsche Frieden für alle.

– Sie kennen Abbildungen der Erde. Versuchen Sie innerlich die Erde zu sehen. Dehnen Sie den Frieden auf die ganze Erde aus. Begleiten Sie die Entfaltung des Friedens von Zeit zu Zeit mit den inneren Worten: Ich wünsche mir Frieden. Ich wünsche Frieden für alle.

– Sammeln Sie den Frieden bewußt wieder als eine körperlich- seelische Stimmung, bewahren Sie den Frieden in Ihrem Herzen.

Abschluß

Die Übung mag auf den ersten Augenblick schwierig erscheinen, sie ist aber so aufgebaut, daß sie vom Kleineren zum Größeren vorwärtsgeht, um am Ende der Übung wieder zum Ausgangspunkt zurückzukehren.

Wenn Sie es vorziehen, können Sie diese Übung auch in mehrere Übungen aufteilen und sich für die Ausdehnung des Friedens Zeit lassen. Ausgangs- und Endpunkt der Übung bleiben aber immer dieselben.

So allein sein, daß man keinen mehr übersieht, keinen, nichts.

Elias Canetti

4.3 Frieden für alle (2)

Vorbereitung

Es geht noch einmal um die selbe Übung, nur stellen Sie sich diesmal nicht auf verschiedene Orte (vom Kleinen zum Großen), sondern auf verschiedene Menschen (vom Einfachen zum Schwierigen) ein. Vollziehen Sie die Übung erstens mit einem Menschen, der Ihnen sehr sympathisch ist, dem gegenüber Ihnen der Friede eine selbstverständliche Erfahrung ist, zweitens mit einem Menschen, zu dem Sie eine alltägliche, neutrale Beziehung haben, und drittens mit einem Menschen, dem gegenüber Sie zur Zeit starke Spannungen empfinden, vielleicht auf Grund des ganz verschiedenen Charakters, vielleicht auf Grund von vorgefallenen Ereignissen. Wählen Sie die drei Menschen, die Sie in Ihre Meditation einbeziehen möchten, bereits vor der Meditation aus!

Übungsanleitung

– Lassen Sie sich zur Ruhe kommen.
– Überlassen Sie sich einem guten, inneren Frieden. Lassen Sie sich von diesem Frieden erfüllen und umgeben. Lassen Sie sich diesen Frieden bewußt werden, indem Sie von Zeit zu Zeit innerlich die Worte wiederholen: Ich wünsche mir Frieden. Ich wünsche Frieden für alle.
– Vergegenwärtigen Sie sich die Ihnen sympathische Person, dehnen Sie Ihren Frieden auf diese Person aus. Lassen Sie sich den Frieden bewußt werden, indem Sie von Zeit zu Zeit innerlich die Worte wiederholen: Ich wünsche mir Frieden. Ich wünsche Frieden für alle.
– Vergegenwärtigen Sie sich die »neutrale« Person, dehnen Sie Ihren Frieden auf diese Person aus. Lassen Sie sich den Frieden bewußt werden, indem Sie von Zeit zu Zeit innerlich die Worte wiederholen: Ich wünsche mir Frieden. Ich wünsche Frieden für alle.
– Vergegenwärtigen Sie sich die Person, der gegenüber Sie in einer ersten Regung alles andere als Frieden empfinden. Versuchen Sie, auch auf diese Person Ihren Frieden auszudehnen. Lassen Sie sich den Frieden bewußt werden, indem Sie von Zeit zu Zeit innerlich die Worte wiederholen: Ich wünsche mir Frieden. Ich wünsche Frieden für alle.

– Vergegenwärtigen Sie sich schließlich alle drei Personen gleichzeitig. Lassen Sie Ihren Frieden zu allen hinströmen, gleichmäßig. Unterstützen Sie Ihren Friedenswunsch, indem Sie von Zeit zu Zeit innerlich die Worte wiederholen: Ich wünsche mir Frieden. Ich wünsche Frieden für alle.

– Kehren Sie zurück in eine gute Sammlung mitten im eigenen Herz. Überlassen Sie sich dem Frieden. Lassen Sie sich vom Frieden erfüllen und umgeben.

Abschluß

1. Sie können diese Meditation wiederum auf mehrere Übungen verteilen, wobei der Anfang und der Abschluß gleich bleiben.

2. Wenn es Ihnen schwer fällt, einer mißliebigen Person auf echte Art Frieden zu wünschen, lassen Sie sich für diesen Schritt Zeit. Sie sollten diesen Schritt aber nicht weglassen oder verdrängen oder nur oberflächlich vollziehen.

Achten Sie auch darauf, daß Sie die Übung nicht falsch verstehen: Es geht nicht darum, sich in einen Frieden hineinzuträumen und die Realitäten zu übersehen. Es geht vielmehr darum, die Kraft für den Frieden in uns zu wecken und Vorurteile abzubauen, indem wir uns eine erneute Zuwendung als möglich vorstellen. Damit schaffen wir die innere Basis für die konkreten Friedensschritte im Alltag.

Von der Balance zwischen Wissen und Nichtwissen hängt es ab, wie weise einer wird. Das Nichtwissen darf am Wissen nicht verarmen. Für jede Antwort muß – in der Ferne scheinbar gar nicht in Zusammenhang damit – eine Frage aufspringen, die früher geduckt schlief. Wer viel Antworten hat, muß noch mehr Fragen haben. Der Weise bleibt ein Kind sein Leben lang, und die Antworten allein machen Boden und Atem dürr. Das Wissen ist Waffe nur für den Mächtigen, der Weise verachtet nichts so sehr wie Waffen. Er schämt sich nicht seines Wunsches, noch mehr Menschen zu lieben, als er kennt; und nie wird er sich hochmütig absondern von denen allen, über die er nichts weiß.

Elias Canetti

3. Wenn Ihnen die Übung entspricht, können Sie sie mit anderen Grundhaltungen wiederholen. Wie schon angetönt, setzen die buddhistischen Mönche dieses Übungsmodell ein, um wichtige Grundhaltungen einzuüben, z.B. die Grundhaltung der Liebe (des Wohlwollens), des Erbarmens, der Bereitschaft, allen Geschöpfen in ihrer Entfaltung zu helfen, und der Absichtslosigkeit.

4.4 Frieden für alle (3)

Vorbereitung

Einen spirituellen Höhepunkt gewinnen die eben vollzogenen Übungen im Boddhisattva-Weg, einer Strömung innerhalb des Mahayana-Buddhismus.

Es ist schwer, in ein paar einleitenden Sätzen dieser hochstehenden Spiritualität gerecht zu werden; vielleicht kann es so gesehen werden: im ursprünglichen Buddhismus steht der Drang im Vordergrund, aus dem mühsamen, komplizierten, leidvollen Leben durch eine neue Wahrnehmungsweise, durch eine befreiende innere Erfahrung herauszufinden; in der Spiritualität des Boddhisattva-Wegs wird zusätzlich der Drang als Drang aufgebrochen, denn das Ringen um den eigenen Ausweg verbindet sich mit der Hoffnung, daß die eigene Befreiung allen Geschöpfen zugute kommt, ja daß die eigene Befreiung nur möglich ist dank der bewußten oder unbewußten Vermittlung anderer.

Die Boddhisattva-Spiritualität kennt spezielle, psychologisch sehr klug akzentuierte Übungen, die den Menschen sensibilisieren können, die Hilfen wahrzunehmen, die ihn selber auf seinem inneren Weg leiten, und absichtslos das eigene Streben allen zugute kommen zu lassen. Die folgende Übung kann nur ein »verdünntes« Nachspüren solcher Erfahrungen geben…

Übungsanleitung

– Lassen Sie sich zur Ruhe kommen.
– Überlassen Sie sich einem heiteren, liebevollen, gelösten Frieden. Lassen Sie sich von diesem Frieden erfüllen und umgeben. Genießen Sie diesen Frieden als ein Versprechen dafür, daß sich Ihr Leben lösen kann, lösen wird.

– Wenn Ihnen während der Meditation nun Orte, Momente, Stationen Ihres Lebens bewußt werden, dehnen Sie diesen Frieden auf die Orte, Momente, Stationen aus, ohne daß Sie über diese Orte, Momente, Stationen weiter nachdenken.

– Wenn Ihnen während der Meditation Menschen oder andere Geschöpfe bewußt werden, dehnen Sie diesen Frieden auf die Menschen oder Geschöpfe aus, wieder ohne daß Sie über sie weiter nachdenken.

– Sammeln Sie sich immer wieder im Frieden, lassen Sie ihn umfassend werden: als Wunsch, als Sehnsucht, als Realität.

4.5 Gottesdienst als Dienst am Nächsten (1)

Vorbereitung

Die jüdisch-christliche Tradition weiß um die Gefahr, daß Gebet, Liturgie, Innerlichkeit zu einem Selbstzweck werden können und so den Weg zu Gott oder Gottes Weg zu uns verbauen. Oder positiv formuliert: Immer wieder betonen die alttestamentlichen Propheten – und in ihrer Nachfolge auch Jesus –, daß die soziale Verantwortung, die Hinwendung zum Nächsten, auch eine Antwort auf Gott ist.

Der Herr sagte zu Jeremia: »Geh, stell dich an den Eingang des Tempels und rufe: ›Hört zu, ihr Leute von Juda! Hört alle her, die ihr durch diese Tore in den Tempel geht, um den Herrn anzubeten! Der Gott Israels, der Herr der Welt, sagt: Ändert euer Leben und Tun! Dann dürft ihr hier wohnen bleiben! Glaubt nicht, daß es euch etwas hilft, wenn ihr beschwörend wiederholt: Hier wohnt Gott, hier wohnt Gott, hier wohnt wirklich Gott! Betrügt euch nicht selbst! Nur wenn ihr euer Leben gründlich ändert, könnt ihr hier in diesem Land bleiben, das ich euren Vorfahren als dauernden Besitz gegeben habe. Geht gerecht miteinander um! Nutzt nicht Fremde, Waisen und Witwen aus! Hört auf, in eurem Land das Blut unschuldiger Menschen zu vergießen!‹«

Jeremia 7,1-7

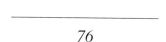

Die Meditation kann den Freiraum bieten, in dem uns diese Antwort, diese Verantwortung gegenüber den sozial Schwächeren, bewußt werden und sich geistig entfalten kann, damit ihr die konkrete Entfaltung, die Gerechtigkeit, gelingt.

Übungsanleitung

– Lassen Sie sich zur Ruhe kommen.
– Lassen Sie – in einem spielerischen, absichtslosen Sinn – Impulse aufsteigen: wo und wie haben Sie von notleidenden Menschen gehört, gesehen, wo und wie sind Sie ihnen selber begegnet?
– Nehmen Sie sich ganz zurück in die Stille.
– Und aus der Stille heraus versuchen Sie jenen Menschen (jene Menschengruppe) zu entdecken, dem Sie konkret Antwort sein möchten/können.
– Nehmen Sie sich ganz zurück in die Stille.
– Überlassen Sie sich der Stille. Sie ist Gewähr dafür, daß Sie nicht zu einer eigenen Leistung aufbrechen, sondern in Gottes Kraft dem Menschen helfen.
– Aus der Stille heraus versuchen Sie zu erspüren, in welcher konkreten Form Sie Ihre Hilfe – allein oder mit anderen – aufbauen.
– Nehmen Sie sich ganz zurück in die Stille.

Abschluß

1. Halten Sie unbedingt schriftlich fest, was Sie konkret unternehmen werden.
2. Auch die jüdische Tradition der Sabbatheiligung und des Sabbatjahres hängen ursprünglich mit dem Schutz für die sozial Schwachen, mit dem Schutz für die Erde zusammen:

Sechs Jahre kannst du dein Land bebauen und den Ertrag ernten, den es dir bringt. Aber im siebten Jahr laß es brachliegen und sich erholen. Was dann von selbst wächst, sollen die Armen essen, den Rest überlaß dem Wild. Ebenso sollst du es mit deinen Weingärten und Ölbäumen halten.

Sechs Tage lang kannst du deine Arbeit tun, aber am siebten Tag sollst du alles ruhen lassen. Auch dein Rind und dein Esel sollen sich ausruhen; deine Sklaven und die Fremden, die für dich arbeiten, sollen sich erholen können.

Exodus 23,10-12

Wenn ihr in das Land kommt, das ich euch geben werde, müßt ihr dafür sorgen, daß das Land mir jedes siebte Jahr einen Sabbat feiert. Sechs Jahre dürft ihr eure Felder bestellen, eure Weinstöcke beschneiden und den Ertrag einsammeln. Aber jedes siebte Jahr muß das Land ruhen; es feiert einen Sabbat zu Ehren des Herrn. Ihr dürft in diesem Jahr kein Feld bestellen und keinen Weinberg pflegen. Auch was sich selbst ausgesät hat, darf nicht abgeerntet werden, und ungepflegt wachsende Weintrauben dürfen nicht abgelesen werden – ihr müßt das Land unbedingt ruhen lassen. Es wird aber während des Sabbatjahres genügend Nahrung für euch hervorbringen, auch für eure Sklaven und Arbeiter und die Fremden, die bei euch wohnen, für euer Vieh und die wildlebenden Tiere. Ihr dürft alles essen, was von selbst wächst.

Leviticus 25,1-7

In diese Tradition gehört der berühmte Satz von Jesus:

Der Sabbat ist für den Menschen da, nicht der Mensch für den Sabbat.

Markusevangelium 2,27

3. Gebet, Liturgie, Innerlichkeit – auch Meditation! – können zu einem Selbstzweck werden, sie brauchen ihre Beglaubigung in der sozialen Verantwortung, so lauteten die Überlegungen zu dieser Übung. Es gibt auch die umgekehrte Variante: die soziale Verantwortung wird zum Selbstzweck, und die Hingabe an Gott geht vergessen.

Wenn Sie sehen, daß Ihnen das soziale Engagement selbstverständlich ist, bemühen Sie sich in der Meditation um den Anschluß an die eigentliche Quelle, aus der unser Handeln fließen sollte.

4.6 Gottesdienst als Dienst am Nächsten (2)

Vorbereitung

Jesus hat die Botschaft der früheren Propheten nicht nur bestätigt, sondern noch verstärkt, indem er so weit geht, daß er sich im Namen Gottes mit den Notleidenden identifiziert, so etwa in seiner Vision vom Endgericht, wenn er die verschiedenen Muster von sozialer und innerer Not aufzählt und sich selber als den Empfänger der Zuwendung oder als den weiterhin Frustrierten bezeichnet:

Ich war hungrig, und ihr habt mir zu essen gegeben; ich war durstig, und ihr habt mir zu trinken gegeben; ich war fremd, und ihr habt mich bei euch aufgenommen; ich war nackt, und ihr habt mir Kleidung gegeben; ich war krank, und ihr habt für mich gesorgt; ich war im Gefängnis, und ihr habt mich besucht. (…) Was ihr für einen meiner geringsten Brüder getan habt, das habt ihr für mich getan.

Matthäusevangelium 25,35-40

Übungsanleitung

– Lassen Sie sich zur Ruhe kommen.
– Verweilen Sie in einer guten inneren Aufmerksamkeit, in der Mischung von Ruhe und Offenheit, von Frieden und Ansprechbarkeit. Erspüren Sie die Kraft, die dank dieser Aufmerksamkeit lebendig wird.
– Lassen Sie in sich die Freude zu, in dieser Aufmerksamkeit auch aktiv zu werden, die Ihnen innerlich zugeflossene Kraft weiterzuschenken; bleiben Sie vorerst aber absichtslos.
– Erspüren Sie in der Geborgenheit, die die Meditation uns vermitteln kann, die Geborgenheit, die Jesus auch im Tun erfahren hat: Gott gibt den Impuls für unser Handeln, Gott fließt als Kraft in unser Handeln, Gott empfängt unser Handeln.
– Antwort, Verantwortung enthüllt sich als Einbezug in Gottes Handeln.

Abschluß

Der eben meditierte Charakter unseres Handelns ist bereits von den biblischen Autoren meditiert und reflektiert worden. Vielleicht wirken die folgenden Stellen aus den Evangelien als Impuls zur weiteren Meditation, als Impuls, Meditation und Handeln immer mehr zu verbinden.

Der Evangelist Johannes läßt Jesus sprechen:

Ich versichere euch: Jeder, der mir vertraut, wird auch die Taten vollbringen, die ich tue. Ja, seine Taten werden meine noch übertreffen, denn ich gehe zum Vater.

Johannesevangelium 14,12

Ich bin der Weinstock, und ihr seid die Reben. Wer in mir lebt, so wie ich in ihm, der bringt reiche Frucht. Denn ohne mich könnt ihr nichts vollbringen.

Johannesevangelium 15,5

Ein Gesetzeslehrer wollte Jesus auf die Probe stellen und fragte ihn: »Lehrer, was muß ich tun, um das ewige Leben zu bekommen?« Jesus antwortete: »Was steht denn im Gesetz? Was liest du dort?« Der Mann antwortete: »Liebe den Herrn, deinen Gott, von ganzem Herzen, mit ganzem Willen, mit deiner ganzen Kraft und deinem ganzen Verstand! Und: Liebe deinen Mitmenschen wie dich selbst!« »Richtig geantwortet«, sagte Jesus. »Handle so, dann wirst du leben.« Aber der Gesetzeslehrer wollte sich verteidigen und fragte Jesus: »Wer ist denn mein Mitmensch?«

Jesus begann zu erzählen: »Ein Mann ging von Jerusalem nach Jericho. Unterwegs überfielen ihn Räuber. Sie nahmen ihm alles weg, schlugen ihn zusammen und ließen ihn halbtot liegen. Nun kam zufällig ein Priester denselben Weg. Er sah den Mann liegen, machte einen Bogen um ihn und ging vorbei. Genauso machte es ein Levit: er sah ihn und ging vorbei. Schließlich kam ein Mann aus Samarien. Als er den Überfallenen sah, hatte er Mitleid. Er ging zu ihm hin, behandelte seine Wunden mit Öl und Wein und verband sie. Dann setzte er ihn auf sein eigenes Reittier und brachte ihn in das nächste Gasthaus, wo er sich um ihn kümmerte.

Am anderen Tag gab er dem Wirt zwei Silberstücke und sagte: ›Pflege ihn! Wenn du noch mehr brauchst, will ich es dir bezahlen, wenn ich zurückkomme.‹«

»Was meinst du?« fragte Jesus. »Wer von den dreien hat an dem Überfallenen als Mitmensch gehandelt?« Der Gesetzeslehrer antwortete: »Der ihm geholfen hat!« Jesus erwiderte: »Dann geh und mach es ebenso!«

Lukasevangelium 10,25-37

5. Übungsreihe

Gott geht durch das Leben seiner Menschen
Nachvollzug von religiösen Grunderfahrungen (1)

Einleitung

Was ist eine religiöse Erfahrung? Was macht eine Erfahrung zu einer religiösen Erfahrung?

Diese beiden Fragen sind im geschlossenen Raum einer Religion schnell und präzis beantwortet, denn jede Religion besitzt einen Kanon von anerkannten religiösen Erfahrungen – und jede Religion kennt auch die Tendenz, bestimmte Erfahrungen aus ihrem Kanon willentlich auszuschließen, weil sie ihrer Grundausrichtung nicht entsprechen. Diese beiden Fragen sind jedoch schwieriger zu beantworten, wenn verschiedene Religionen und spirituelle Traditionen zusammengebracht werden sollten, wenn ein möglichst offenes Spektrum von Erfahrungen ausgebreitet werden sollte, – wie es die Absicht dieses Meditationslehrganges ist.

Die Frage nach den religiösen Erfahrungen möchten wir nicht auf theoretische Art beantworten, sondern ganz im bisherigen Stil dieses Buches: wir bieten Ihnen eine Reihe von Übungen an, in denen Sie religiösen Erfahrungen nachspüren und sie nachvollziehen können, – ganz im Sinne einer Einladung. Werden diese religiösen Erfahrungen auch für Sie religiöse Erfahrungen sein? Oder vielleicht anders: Werden Sie im Nachvollzug der Erfahrungen anderer Menschen die Sensibilität für die ganz eigenen religiösen Erfahrungen entdecken und fördern?

Die Meditationen dieser zwei Übungsreihen sind nach den folgenden Gesichtspunkten zusammengestellt: 1) Es sollen Menschen aus verschiedenen religiösen Traditionen vorgestellt werden. Dschelaluddin Rumi gehört in den Islam. Hildegard von Bingen ist eine große Seherin und Mystikerin aus der Zeit des christlichen Mittelalters. Ramana Maharshi wurzelt im Advaita Vedanta, einer hinduistischen Tradition. Und Rose Ausländer schließlich ist eine moderne Lyrikerin, in ihrer Herkunft, ihrem Lebensgeschick und in ihrer Sprache dem jüdischen Erbe verpflichtet. 2) Es sollen Menschen vorgestellt werden, denen der eigene Lebensumkreis bestätigt hat, daß ihre Erfahrungen religiöse Erfahrungen, Erfahrungen mit Gott sind, sei es, daß diese Erfahrungen in der betreffenden Religion einen Vorbildcharakter bekommen haben, sei es, daß diese Erfahrungen den Sehnsüchten vieler anderer Menschen entsprochen haben oder immer noch entsprechen. 3) Bei der Auswahl hat zudem mitgespielt, daß die entscheidenden Erfahrungen auch ohne eine ausführlich geschilderte Biographie und ohne eine detaillierte Information der kulturellen und religionsgeschichtlichen Hintergründe verständlich und nachvollziehbar sein sollten. Die hier vorgelegten religiösen Erfahrungen sollten den Grundmustern entsprechen, mit denen wir Menschen auf das Absolute reagieren.

Sie werden vermutlich erleben, daß Ihnen die einen der vorgestellten Übungen leicht fallen und problemlos zugänglich sind, andere wiederum werden Ihnen gerade als religiöse Erfahrungen fragwürdig vorkommen. Das hängt mit unseren eigenen psychischen Strukturen, auch mit unserer Lebensgeschichte zusammen. Achten Sie darauf, daß Sie im Versuch, religiöse Erfahrungen zu verstehen, nachzuvollziehen und den eigenen Erfahrungen auf die Spur zu kommen, nie werten, weder bestimmte Erfahrungen in den Himmel erheben noch andere Erfahrungen verteufeln. Denn zu den unausweichlichen religiösen Erfahrungen gehört gerade die Erfahrung, daß unsere Wertungs- und Orientierungssysteme von Gott unterwandert oder überfordert werden… Lassen Sie sich Zeit, lassen Sie sich Raum! Der Weg durch die Erfahrungen anderer hindurch ist kein Umweg, er kann sich als direkter Weg erweisen zur Entdeckung des eigenen Herzens für Gott.

Die Schritte der Meditation

Wie die Übungen in den vorangegangenen Reihen möchten auch die folgenden Übungen einen Zugang zur religiösen Dimension des menschlichen Lebens, Ihres Lebens erschließen. Das kann heißen: Je nach Ihrer persönlichen Biographie muß die einzelne Meditation durch die bewußte Verarbeitung Ihrer Lebenssituation vorbereitet oder nachbearbeitet werden. Oft kann es sich allerdings auch als heilsam erweisen, vorübergehend von der eigenen Person abzusehen und sich vorbehaltlos in die Erfahrung eines anderen Menschen hineinzubegeben. Es ist an Ihnen zu entscheiden, was Sie im Moment ehrlich weiterführt.

Lesen Sie als eigentliche Vorbereitung die kurze biographische Skizze und die Beschreibung der Erfahrung, für die Sie sich in der Meditation öffnen werden. Prägen Sie sich die Impulse ein, damit Sie während der Meditation nicht auf schriftliche Unterlagen angewiesen sind.

Halten Sie sich bei den Übungen an die gewohnten Schritte:
– Lassen Sie sich zur Ruhe kommen, indem Sie sich mit Ihrer inneren Aufmerksamkeit auf den Körper, Ihre Sitzhaltung und den Atemfluß einstellen.
– Verweilen Sie recht lange in der inneren, gedankenfreien Stille. – Erfüllen Sie diese Stille mit der Stimmung der Dankbarkeit: Es wird Ihnen eine Erfahrung anvertraut, die für einen anderen Menschen zum Höhepunkt seines Lebens geworden ist. Halten Sie sich bereit, eine große Kostbarkeit zu teilen.

An dieser Stelle folgen nun die Schritte, die in jeder Übung speziell angegeben werden.

– Verweilen Sie in der Stille, sie ist der Schutzraum, in dem sich die (fremde) Erfahrung entfalten und zur (eigenen) Erfahrung werden kann.
– Lassen Sie sich aus der Stille heraus jenes Wort / Bild / Einverständnis schenken, das als Antwort die meditierte Erfahrung aufnehmen und weitertragen kann.
– Schließen Sie, wenn es Zeit ist, die Übung dadurch, daß Sie Ihre Aufmerksamkeit wieder auf den Atemfluß, auf die Sitzhaltung, auf den ganzen Körper lenken. Vollziehen Sie als erste Bewegung eine kleinere oder größere Verneigung.
– Nehmen Sie sich genügend Zeit für die Nacharbeit. Die in dieser Reihe vorgelegten Übungsimpulse müssen wohl alle mehrmals meditiert und reflektiert, vielleicht auch durch weiterführende Lektüre ergänzt werden.

5.1 Die Überraschung für den Kenner

Dschelaluddin Rumi (1207-1273) ist wohl einer der größten Mystiker, begabt mit einem außerordentlichen dichterischen Talent.

Er wurde im nördlichen Afghanistan geboren, wo sein Vater als mystisch orientierter Theologe wirkte. Die politischen Umtriebe jener Zeit zwangen die Familie, eine neue Heimat zu suchen, nach verschiedenen anderen Stationen ließ sie sich in Anatolien (in der heutigen Türkei) nieder, vorerst in Karaman, schließlich in Konya. Dschelaluddin übernahm beim Tod seines Vaters selber das theologische Lehramt und wuchs allmählich in das mystische Erleben Gottes hinein. Er galt als angesehener, erfahrener, feinsinniger Theologe, bis im Oktober 1244 der Wanderderwisch Schamsuddin von Täbriz seinen Weg kreuzte, und unerwartet eine Liebe zu Gott aus Dschelaluddin herausbrach, die nicht nur sein Leben veränderte, ja durcheinanderbrachte, sondern auch das Leben seiner Umgebung.

Die Freundschaft mit Schamsuddin – später die Freundschaft mit dem Goldschmied Salaheddin –, der Schmerz über die Trennung von Schamsuddin, schließlich fast alle täglichen Erfahrungen wurden für Dschelaluddin zum Ausgangspunkt, die verwandelnde Kraft von Gottes Liebe wahrzunehmen, lehrend und dichtend diese Kraft weiterzuvermitteln. In einer vollendet schönen, dichterischen Sprache feierte er die Liebe Gottes zum Menschen und im Menschen.

Was Dschelaluddin Rumi im Oktober 1244 erlebt hat, ist eine Grunderfahrung religiösen Erlebens: Wir können Gott kennen, um ihn wissen, ja sogar Experte für Gott sein, – und plötzlich wird das Leben aufgerissen, ein neues, ungewohntes Licht fällt auf das Leben. Es ist dann dem Menschen nicht mehr möglich, als der frühere, alte Mensch weiterzuleben. Das erarbeitete Wissen erweist sich als unbrauchbar. Gott schafft Zäsuren.

Übungsanleitung

– Lassen Sie sich zur Ruhe kommen.
– Verkosten Sie in der Stille: Sogar ein Theologe – ein »Gottverständiger« – kann seinen Verstand verlieren, muß sein Wissen verlieren. Gott ist: Vergessen und Neuanfang, Verlust und Gewinn, Verunsicherung, Überraschung…, gesammelt im Schweigen.

– Lassen Sie in sich wirken, versuchen Sie zu sehen: Dschelaluddin, zurückgezogen in einem Raum, ringt mit einem ihm bisher unbekannten Gott.

– Lassen Sie Ihre Stille Ausdruck dafür sein, daß auch Ihr Leben verändert werden darf, über Ihr Wissen, über die von Ihnen gesteckten Grenzlinien hinaus…

– Lassen Sie Ihre Stille zur vertrauensvollen Sehnsucht werden: daß auch in Ihrem Leben die Begegnungen und Impulse eintreffen, die Sie zu den entscheidenden Erfahrungen führen.

Deine Stimme

Ich vernahm deine Stimme

Ich kletterte über Mauern
erbrach Vorhängeschlösser
schlug Fensterscheiben ein

Ich vernahm deine Stimme

Ich durchschwamm Flüsse
stieg auf Berge
verlor mich in Wäldern

Ich vernahm deine Stimme

Ich tauchte in die Meerestiefen
durchquerte Wüsten
stieg bis zu den Wolken

Ich vernahm deine Stimme

Deine Stimme

Stimme

Hans Leopold Davi

5.2 Die Erfahrung des Exils

Dschelaluddin Rumi kann die Verbundenheit mit Gott so intensiv erleben, daß es für ihn nur eine Erklärung dieser Intensität gibt: Ursprünglich – und auch in der Vollendung wird es so sein – ist der Mensch ganz mit Gott eins gewesen. Deshalb wird es nun sein Anliegen, in den stumpfen und vergeßlichen Menschen die Sehnsucht nach dieser Einheit wieder zu wecken, sie an den Orten, an denen sie sich in der Welt eingerichtet haben, aufzuscheuchen und an die eigentliche Heimat in Gott zu erinnern. Denn im Tiefsten, in der Absicht Gottes, kann die Einheit mit Gott auch jetzt gelebt und erlebt werden.

Auf dem Hintergrund einer solchen Sicht bekommen alltägliche Erfahrungen von Einsamkeit, Heimatlosigkeit, Ungenügen eine ungewohnte Nuance: sie erinnern uns an die eigentliche Heimat, sie können uns inspirieren, nach unserer *Lebens*quelle zu suchen.

Übungsanleitung

– Lassen Sie sich zur Ruhe kommen.
– Gestalten Sie die innere Stille als einen Schutzraum, in dem sich sogar melden darf, was Sie in bestimmten Momenten tief beunruhigt, verunsichert: Schmerz, Trauer, Leid, Mißverständnisse, Krankheit… Beunruhigend wirken können auch die Erfahrungen intensiver Liebe, verzehrender Hingabe…
– Lassen Sie in sich wirken, versuchen Sie zu sehen: Dschelaluddin, zurückgezogen in einem Raum, durchfährt die Gewißheit: diese Unruhe ist nur die eine Seite der Erfahrung, ihre andere Seite ist das Glück, mit Gott untrennbar verbunden zu sein.
– Lassen Sie Ihre Stille zur Sehnsucht werden, daß auch Ihnen diese Verbundenheit mit Gott als Erfahrung geschenkt wird, – mag diese Erfahrung auch mitbringen, daß Sie die alltägliche Umgebung immer mehr als die Stationen eines Exils erleben…

5.3 Die geheimnisvolle Weg-Gemeinschaft

Für Dschelaluddin Rumi ist der Neuanfang des Lebens ganz mit der Begegnung mit Schamsuddin verbunden: deshalb verzichtet er in seinen Gedichten oft auf eine genaue Grenzziehung: sein Freund ist auch Gottes Gegenwart, Gottes Liebe ist der Freund, der Freund kommt zu ihm – oder fehlt ihm –, der Freund ist aber auch eine Realität seines eigenen Herzens…

Das sind Bilder für eine Erfahrung, nach der sich viele der spirituell wachen Menschen sehnen: Gott begibt sich in mein Leben, indem er mir einen Menschen mitgibt, der mich kennt, mich aufschließt, dessen eigene Verwurzelung in Gott mir meine Verwurzelung in Gott lebbar macht.

Übungsanleitung

– Lassen Sie sich zur Ruhe kommen.
– Lassen Sie sich in der Stille bewußt werden: Dschelaluddin verdankt die entscheidende Erfahrung seines Lebens einem Unbekannten, Fremden, der gewaltsam in sein Leben einbricht und sich als sein Freund erweist.
– Gewähren Sie vergangenen Erfahrungen Raum, in denen Ihnen etwas Ähnliches geschenkt worden ist: Menschen, die über kurze oder längere Zeit, bewußt oder unbewußt, Ihr Leben begleitet und spirituell geprägt haben.
– Öffnen Sie Ihre Stille der Sehnsucht, spirituelle Freundschaft leben zu dürfen.

Zur Nacharbeit

Wenn Sie sich für Dschelaluddin Rumi interessieren, so finden Sie seine Gedichte und Texte in verschiedenen Übersetzungen und Ausgaben. Als Darstellungen seiner Lebensgeschichte und seiner mystischen Theologie empfehlen sich:

Annemarie Schimmel: Rumi. Ich bin Wind und du bist Feuer. Leben und Werk des großen Mystikers. Düsseldorf, Köln 1978. Eugen Diederichs.

Annemarie Schimmel: Maulana Dschelaluddin Rumi. In: Nahe der Nabe des Rades. Die Heiligen in den Weltreligionen. Freiburg i.Br. 1985. Herder. S. 132-146.

5.4 Ein Kosmos ist mehr als Welt

Hildegard von Bingen (1098-1179) war als visionäre Schriftstellerin eine der einflußreichsten Persönlichkeiten ihrer Zeit und wird heute von vielen Menschen, die nach neuen »Umgangsformen« mit der Erde und mit der eigenen Person suchen, wieder entdeckt.

Hildegard, Kind einer adligen Familie, kam schon im Alter von acht Jahren in klösterliche Erziehung, blieb dann der kleinen Frauengemeinschaft treu, indem sie selber Nonne wurde, später sogar die Leitung der Gemeinschaft übernahm. Hildegard von Bingen war eine vielfältige und einflußreiche Schriftstellerin. Sie entwarf ihre Werke aufgrund von inneren Visionen, die sie als göttliche Inspiration erlebte. Sie verstand es zudem, die naturwissenschaftlichen Kenntnisse ihrer Zeitgenossen in einem erstaunlichen Ausmaß zu verarbeiten und mit ihren eigenen religiösen Anliegen zu verbinden.

So, wie Hildegard ihn sieht, nimmt der Mensch in der Schöpfung eine ganz besondere Stelle ein: Sein eigener Zustand wird an der Schöpfung sichtbar, d.h. wenn der Mensch an sich arbeitet und dem Ruf Gottes zu entsprechen sucht, so entfaltet sich auch die ganze Erde, wenn der Mensch aber dem Egoismus verfällt, fällt auch die ganze Erde der Zerstörung anheim. Eine geheimnisvolle Verbindung besteht also zwischen Mensch und Schöpfung: Störungen im »Kleingefüge« (Mikrokosmos) des Menschen lösen Störungen im »Großgefüge« (Makrokosmos) der Schöpfung aus.

Übungsanleitung

– Lassen Sie sich zur Ruhe kommen.
– Genießen Sie die innere Stille, dehnen Sie sie aus, so daß Sie von ihr erfüllt, aber auch von ihr umgeben werden.
– Halten Sie sich offen dafür, daß Sie während der Meditation – mindestens ansatzweise – durch die Stille geordnet werden, daß Sie – mindestens für Momente – stimmen. Wenn Sie solche Erfahrungen auch in anderen Augenblicken Ihres Lebens kennen, verbinden Sie Ihre Meditation mit einer solchen Erfahrung.
– Lassen Sie Ihre Stille zur Sehnsucht werden, daß Sie in Ihrer Person, in Ihrem Leben immer tiefer stimmen möchten, immer besser in jene Kräfte einschwingen

möchten, die Ihnen entsprechen, – auch wenn Sie jetzt vielleicht kaum präzisieren können, was stimmen, was einschwingen genau meint…

– Versuchen Sie zu erspüren, daß von Ihrer Stimmigkeit eine ordnende Kraft ausgeht, die auf Ihre nähere und weitere Umgebung einwirkt. Nicht nur Sie sind ein Teil Ihrer Umwelt, Ihre Umwelt ist auch ein Teil von Ihnen.

5.5 Der heilende Arzt

Hildegard wußte und brachte es in ihren Werken zum Ausdruck: der Mensch in seiner zentralen Stellung ist bedroht. Die egoistischen Kräfte zerstören ihn und dadurch auch seinen Kosmos. Der bedrohte, ja kranke Mensch braucht die Heilung durch einen kompetenten Arzt. Für Hildegard war Jesus Christus dieser Arzt; er heilte, indem er die Erkrankung der Menschen auf sich nahm.

Übungsanleitung

– Lassen Sie sich zur Ruhe kommen.

– Verweilen Sie in der inneren Stille. Erspüren Sie die Spannung, die die Stille durchziehen kann: die Stimmigkeit des inneren Friedens ist bedroht durch Wünsche, Aggressionen, Unruhe… Eine Spannung, die unser eigenes Leben, aber auch das Leben unserer Umwelt nachbildet.

– Öffnen Sie sich für die Sehnsucht nach Heilung: Gibt es jene heilende Person, die mich und meine ganze Umgebung aus der immer größeren Verstrickung in Schuld und Zerstörung befreien kann?

– Versuchen Sie Hildegards Vertrauen in den kosmischen Arzt Jesus Christus auch in Ihrem Herzen aufkommen zu lassen.

5.6 Die Arzneien

Hildegard von Bingen war fasziniert von der Zuordnung der Natur auf den Menschen; in den Produkten der Natur entdeckte sie nicht nur die für den Menschen notwendigen Nahrungsmittel, sondern auch die Arzneien; Pflanzen, tierische Produkte, Steine dienten dem Menschen zur Heilung. In dieser kosmischen Vorsorge (Prophylaxe) entdeckte sie die belebende Liebe Gottes, den Heilwillen des kosmischen Arztes.

Übungsanleitung

– Lassen Sie sich zur Ruhe kommen.
– In der Stille lassen Sie sich bewußt werden, wie sehr Sie von der Natur leben: Ihre tägliche Nahrung…, die tägliche Nahrung von vielen Millionen Menschen…
– Lassen Sie sich bewußt werden, welche natürlichen Heilmittel Sie kennen und einsetzen.
– Geben Sie Ihrer inneren Stille den Charakter der Dankbarkeit, hüllen Sie sich in die Dankbarkeit ein. Dankbarkeit für die Vorsorge um Ihr Leben.

Zur Nacharbeit

Wenn Sie sich für Hildegard von Bingen interessieren, so finden Sie sehr viele Publikationen über sie und Auswahlbände aus ihren eigenen Werken. Zu empfehlen sind:

Hildegard von Bingen: Heilwissen. Freiburg i.Br. 1991. Herder.

Christian Feldmann: Hildegard von Bingen. Nonne und Genie. Freiburg i.Br. 1991. Herder.

6. Übungsreihe

Gott geht durch das Leben seiner Menschen Nachvollzug von religiösen Grunderfahrungen (2)

6.1 Das Verstummen

Ramana Maharshi (1879-1950), oder wie er als Junge hieß: Venkata Raman, kam in der kleinen Stadt Tiruchuzhi (Tamil Nadu, Südindien) zur Welt. Bei seinen Eltern und, nach dem Tod des Vaters, bei seinem Onkel in Madurai verbrachte er eine normale, unauffällige Jugend. Im Alter von 17 Jahren überfiel ihn unvorbereitet eine Art von Todeserlebnis, das in ihm ein neues Bewußtsein für das Bleibende, für das *Leben* weckte. Dieses Erlebnis verleidete ihm das bisherige alltägliche Verhalten und zog ihn radikal in eine innere Sammlung. Zwei Monate später verließ er seine Familie und fuhr nach Tiruvannamalai, in die Tempelstadt am Fuß des Berges Arunâchala. Stadt und Berg waren Shiva geweiht. Vorerst lebte er als Asket in den Tempelanlagen der Stadt. Er weigerte sich, zur Familie zurückzukehren. Er zog sich in ein totales Schweigen zurück und bewohnte während Jahrzehnten eine Höhle des Arunâchala. 1922 kehrte er in die Stadt zurück und im Rahmen eines Ashrams lehrte er die Menschen.

Tod und Leben, der Einbruch des *Lebens* sind Jahre des Schweigens wert. Ramana Maharshi zeigt, wie sehr das Schweigen zum Raum werden kann, der die tiefsten Erfahrungen, die uns Menschen zugänglich sind, zu schützen vermag.

– Lassen Sie sich zur Ruhe kommen.

– Verweilen Sie in der Stille. Lassen Sie sich das äußere und innere Schweigen bewußt werden als einen Raum, in dem sich das *Leben* entfalten kann.

– Gott ist mit unseren Gedankengängen, Gefühlen, Lebensgeschichten nicht einzufangen, das alles ist vergänglich, Gott ist so anders, daß ihm letztlich nur das Schweigen unsererseits gerecht wird, – verbinden Sie diese Einsicht Ramanas mit ihrem eigenen Schweigen.

– Ihr Schweigen: Verzicht und *Leben*sraum.

Ja, ich weiß es, dies ist nichts als Deine Liebe,
Du Geliebter meines Herzens,
Dieses goldne Licht, das auf den Blättern spielt,
diese müßigen Wolken, durch den Himmel segelnd
Dieser Windhauch, der vorüberstreift
Und seine Kühle läßt auf meiner Stirn.

Das Morgenlicht hat meine Augen überflutet,
Ist Deine Botschaft an mein Herz.
Dein Antlitz ist herabgeneigt,
In meine Augen schauen Deine nieder –
Mein Herz hat Deinen Fuß berührt.

Rabindranath Tagore

6.2 Die Frage gegen eine voreilige Selbstsicherheit

Ramana Maharshi entwickelte eine ihm eigene Form der spirituellen Belehrung. Er hinterfragte die Selbstverständlichkeit, mit der wir von unserem Ich, von unserem Personkern, reden. Durch ein hartnäckiges Fragen löste er die scheinbar so sicheren Gefüge und Formulierungen auf. Auf diese Art versuchte er die Menschen zum Vertrauen auf das Selbst, auf Gott im Menschen, zu lenken, denn nur im Selbst überleben wir.

Der erste und wichtigste von allen Gedanken, der Urgedanke im Innern jedes Menschen ist der Gedanke ›Ich‹. Erst nachdem dieser Gedanke geboren worden ist, steigen alle anderen Gedanken hoch… Wenn du gedanklich dem ›Ich‹-Faden folgen könntest, bis er dich zu seiner Quelle zurückführt, dann würdest du entdecken, daß er nicht nur der erste Gedanke ist, der erscheint, sondern auch der letzte, der verschwindet. Das ist eine Tatsache der Erfahrung… Es ist möglich, nach Innen zu gehen, bis sich der letzte ›Ich‹-Gedanke langsam verliert.

Ramana Maharshi

Übungsanleitung

– Lassen Sie sich zur Ruhe kommen.
– Verweilen Sie in der Stille.
– Wenn Sie in der Stille durch irgendeinen Gedanken oder sonstigen Impuls aufgestört werden, hat er sicher mit Ihrem Ich zu tun. Gehen Sie diesem Gedanken auf den Grund mit der Frage nach Ihrem Ich.
– Stellen Sie sich Ramana Maharshi als einen ganz zurückgezogenen, gesammelten Menschen vor. Es gelingt ihm, die äußeren und inneren Beweggründe seiner Handlungen und Gedanken zu verabschieden, weil er sie als vordergründig erlebt; er lebt ganz von Gott her. Versuchen Sie auf ähnliche Art zu verabschieden, loszulassen…, im Vertrauen auf Gottes Wirken.

6.3 Die Kraft der Suche

In einem Gespräch über die Vorgänge, die sich bei einer spirituellen Unterweisung abspielen, hat Ramana Maharshi beschrieben, welche innere Ausrichtung einen suchenden Menschen weiterbringen kann. Er sagt:

Es soll den Schüler leidenschaftlich und ohne Unterlaß verlangen, vom Jammer des Daseins freizukommen, – freilich nicht, indem er im Leben davor davonläuft, aber indem er über Gemüt und Denken hinauswächst und die Wirklichkeit des geistig Ewigen in sich selbst erfährt, das jenseits von Geburt und Tod ist. Er soll nach der höchsten geistigen Seligkeit verlangen und keinerlei Wunsch daneben kennen.

Ramana Maharshi

Übungsanleitung

– Lassen Sie sich zur Ruhe kommen.
– Verweilen Sie im inneren Schweigen, schützen Sie es vor dem minimsten Gedanken, verzichten Sie auf die kleinsten Gefühlsregungen.
– Lassen Sie zu, daß Ihre innere Stille von einem wachsamen Eifer geprägt wird,
– ohne dabei ins Machen wegzugleiten, denn die innere Stille ist Geschenk.
– Erspüren Sie die »Gleichgültigkeit«, die sich in der Stille einstellt, eine Freiheit von Ängsten, Verpflichtungen, Plänen, Absicherungen…

Eine wichtige und vielleicht neue Dimension in der Meditation könnte darin bestehen, daß wir alles, was geschieht, annehmen und es prozessieren, auch Ärger, Eifersucht, Begierde und Emotionen, um ihr lebensspendendes Potential zu enthüllen. Statt unsere Wesenart verändern zu wollen, um sie unseren vorgefassten Vorstellungen von Harmonie oder Frieden anzupassen, könnten wir versuchen, den Sinn hinter den Geschehnissen herauszufinden. Vielleicht enthalten sie im Keim gerade das, war wir brauchen.

Arnold Mindell

Zur weiteren Beschäftigung mit Ramana Maharshi und seiner Welt empfiehlt sich:

Heinrich Zimmer: Der Weg zum Selbst. Lehre und Leben des Shrî Ramana Maharshi. Düsseldorf und Köln 1976. Eugen Diederichs.

Martin Kämpchen: Ramana Maharshi. In: Nahe der Nabe des Rades. Die Heiligen in den Weltreligionen. Hrg. von Martin Kämpchen und Gertrude Sartory. Freiburg, Basel, Wien 1985. Herder. S. 178-191.

Henri Le Saux: Das Geheimnis des heiligen Berges. Als christlicher Mönch unter den Weisen Indiens. Freiburg, Basel, Wien 1989. Herder.

Bettina Bäumer: Befreiung zum Sein. Auswahl aus den Upanishaden. Zürich, Einsiedeln, Köln 1986. Benziger.

6.4 Die Welt Gottes – die Welt der Menschen

Rose Ausländer (1901-1988) verkörperte ein typisch jüdisches Schicksal unseres Jahrhunderts. Sie wurde in Czernowitz (Österreich-Ungarn) geboren, in einer Stadt, in der sich die verschiedensten Kulturen begegneten und vermischten. Nach zwei Jahren Studium und den ersten schriftstellerischen Versuchen wanderte sie 1921 in die USA aus, arbeitete in New York als Bankangestellte und wurde 1926 amerikanische Staatsbürgerin. 1931 kehrte sie zur Pflege ihrer kranken Mutter in die Heimat zurück. Nach dem Einmarsch der deutschen Truppen lebte sie im Ghetto von Czernowitz, ab 1943 konnte sie nur dank verschiedenen Verstecken überleben. Nach dem Krieg wurde Czernowitz der Sowjetunion eingegliedert, was Rose Ausländer erneut in die amerikanische Emigration zwang. Sie versuchte englisch zu schreiben, doch ihre wirkliche Sprache blieb deutsch. 1965 fand sie einen Platz in einem Altersheim in Düsseldorf. Erst spät bekam sie die Anerkennung, die sie als Dichterin verdiente.

Im folgenden Gedicht beschreibt Rose Ausländer die Spannung zwischen der religiösen Tradition, in der ein Mensch aufwächst und sich geborgen fühlt, und der Anziehungskraft der Welt. Diese beiden »Welten« können einander begegnen, aber auch widersprechend, feindlich gegenüberstehen. In welcher der beiden Welten ist Gott?

Der Vater

Am Hof des Wunderrabbi von Sadagora
lernte der Vater die schwierigen Geheimnisse
Seine Ohrlocken läuteten Legenden
in den Händen hielt er den hebräischen Wald

Bäume aus heiligen Buchsaben streckten Wurzeln
von Sadagora bis Czernowitz
Der Jordan mündete damals in den Pruth –
magische Melodien im Wasser
Der Vater sang sie lernte und sang das
Erbe der Ahnen verwuchs mit
Wald und Gewässern

Hinter den Weiden neben der Mühle
stand die geträumte Leiter
an den Himmel gelehnt
Jakob nahm auf den Kampf mit den Engeln
immer siegte sein Wille

Von Sadagora nach Czernowitz und
zurück zum Heiligen Hof gingen die Wunder
nisteten sich ein im Gefühl
Der Knabe erlernte den Himmel kannte die
Ausmaße der Engel ihre Distanzen und Zahl
war bewandert im Labyrinth der Kabbala.

Einmal wollte der Siebzehnjährige
die andere Seite sehn
ging in die weltliche Stadt
verliebte sich in sie
blieb an ihr haften

– Lassen Sie sich zur Ruhe kommen.

– Vergegenwärtigen Sie sich in kurzen Zügen das Gedicht: breit ausgemalt die überlieferte religiöse Welt, knapp und definitiv die Entscheidung für die weltliche Stadt.

– Kennen Sie eine ähnliche Geborgenheit in der Religion, in einer der offiziellen Traditionen oder in einer kindlich selbstgefügten Religiosität? Lassen Sie wichtige Momente dieser früheren Geborgenheit aufsteigen, – oder vertiefen Sie sich in die Geborgenheit, die die ersten Strophen des Gedichts vermitteln.

– Kennen Sie die schmerzvolle Spannung: die kindliche Religiosität ist nicht mehr vollziehbar und Sie gehören der Welt…

– Haben Sie mit der bergenden Religiosität auch Gott verloren, ihn aufgegeben? Oder haben Sie ihn in der weltlichen Stadt neu entdeckt?

– Lassen Sie sich immer wieder in die Stille zurück.

6.5 Die Frage nach dem Leiden

Da Rose Ausländer selber viel an ungerechter Verfolgung und Leid mitgemacht und die Vernichtung ihres Volkes hautnah erlebt hat, taucht in ihren Gedichten die Frage nach dem Sinn des Leides sehr oft auf.

Arche

Im Meer
wartet
eine Arche
aus Sternen

auf die
überlebende
Asche
nach der Feuerflut

– Lassen Sie sich zur Ruhe kommen.

– Nehmen Sie die Bilder des Gedichtes in Ihre Stille hinein, geben Sie diesen Bildern Raum.

– Versuchen Sie die Bilder auszuhalten, auch wenn sie sich widersprechen: Zerstörung – Rettung, nur Asche kann noch gerettet werden…

– Versuchen Sie in der Stille auch den Schmerz auszuhalten, den wir so oft verdrängen: das Leid im eigenen Leben, das Leid der Menschen um uns herum, die sinnlose Vernichtung menschlichen Lebens… Weshalb findet unser Wunsch nach rechtzeitiger Rettung nicht statt?

– Erspüren Sie Ihre Stille. Wird Ihre Stille in der Begegnung mit solchen Fragen bitter oder vermag sie eine offene, hoffende Stille zu bleiben. Eine Arche aus Sternen.

– Lassen Sie sich immer wieder in die Stille zurück.

Als Fremder bin ich gekommen wie es um mich steht versteht niemand
Nur ich hör was ich red meine Sprache kennt hier niemand
Meine Sprache gleicht der Vogelsprache mein Land ist dort wo der Freund wohnt
Eine Nachtigall bin ich die Rose mein Freund wisset meine Rose verwelkt nicht
Gerufen hat mich jener Freund dass ich trink was er mir reicht
Den Becher nahm ich und trank mein Herz wird jetzt ewig
Dieser Berg stützt mich nicht jenes Tal wiegt mich nicht
Nirgendwo halte ich länger das Gebet braucht keinen Ort
Gott vernimmt mich überall du fragst wo ich lebe
Kommst du zeig ich's dir kein Teil gewahrt mein Auge
Das nicht Gott gehört

Yunus Emre

6.6 Ewigkeit im Augenblick

Der Moment

Ich habe nichts als
die Nacht aus
100 x 100 Nebellichtjahren

Ich habe nichts als
die Stunde aus
60 x 60 Sekunden

Ich habe nichts als den Moment

Der Moment ist meine Schöpfung
die Brücke von meinem
Staubgeist zum Sterngeist
Der Moment ist mein Flügel
zum Flügel des nächsten Moments

Ich habe nichts als den Flügel
Ich habe nichts als die Schöpfung
Ich habe nichts als den Moment

Übungsanleitung

– Lassen Sie sich zur Ruhe kommen.
– Lassen Sie zu, daß sich die Bilder des Gedichts mit ihrer heiteren Gelassenheit
in Ihrer Stille entfalten.
– Lassen Sie sich von der Stimmung des Gedichts tragen: unsere Pläne, Theorien,
weltanschaulichen und religiösen Systeme können zusammenbrechen…, unsere
Aufgabe ist die Gestaltung des einzelnen Moments, jetzt, jetzt…

– Gestalten Sie jeden Moment Ihrer Meditation, auch wenn er sich »nur« aus Sitzen, Atmen, Stille zusammensetzt, ganz bewußt.

– Verbinden Sie Ihre Stille mit Momenten Ihres Lebens, in denen Ihnen diese bewußte Art dazusein gelungen ist.

– Versuchen Sie, ganz einfach zu werden, von Moment zu Moment.

Zur Nacharbeit

Die Gedichtbände von Rose Ausländer sind in den Ausgaben des Fischer Verlags leicht zugänglich.

Wer meditiert, stößt früher oder später auf die Ahnung von jener tieferen Quelle des Seins. Er begegnet dem Urgrund, über den kein Mensch verfügen kann, der vielmehr Herr über ihn ist. Der lernt das »Gefühl schlechthinniger Abhängigkeit« kennen, das der Philosoph Friedrich Schleiermacher als Wesen des Religiösen betrachtet. »Abhängigkeit« meint hier vor allem, sich verdankt zu wissen: Ich habe mich nicht selbst entworfen und ins Dasein gerufen, sondern bin mit mir beschenkt. Dieses Bewußtsein weckt Dankbarkeit – eine der echtesten und tiefsten Wurzeln von Religiosität.

Wilhelm Schäffer

Religion als Haltung und als Gehalt

Sie haben sich vielleicht gewundert, daß wir Ihnen in den ersten Reihen dieses dritten Kursbands keine anderen Meditationsgegenstände vorgelegt haben als in den ersten beiden Bänden. Vielleicht haben Sie sich gefragt, ob »Gott« wirklich nur eine andere Einstellung oder eine andere Dimension Ihrer Alltagserfahrung sein soll. Die vierte und fünfte Reihe haben Ihnen vielleicht auch keine eindeutige Antwort auf Ihre Frage gegeben; die »religiösen Grunderfahrungen«, die wir Ihnen da vorgelegt haben, können ja genauso gut eine neue Art des Erfahrens als eine Erfahrung von Gott sein.

Tatsächlich ist religiöse Erfahrung zunächst einmal eine neue Art des Erfahrens. »Gott« ist nicht ein neuer Gegenstand neben allen andern; er ist die immer gegenwärtige Mitte oder der Grund von allem, den es mehr zu entdecken als hinzuzufügen gilt. »Religion« ist deshalb zunächst einmal eine neue *Haltung* allem Wirklichen gegenüber – etwa im Sinne des Goethe'schen: »Wer Wissenschaft und Kunst besitzt, der hat auch Religion, wer diese beiden nicht besitzt, der habe Religion«. In manchen Religionen, z.B. im Buddhismus, spielt die neue Haltung die Hauptrolle. Religion ist da vor allem eine veränderte Einstellung zur Wirklichkeit, die das ganze Leben und Verhalten eines Menschen grundlegend ändert. Religiöse Meditation führt dann zu dieser neuen Lebenshaltung hin, ja sie ist der wichtigste Weg, auf dem man zur religiösen Haltung kommt.

Doch diese neue Haltung ist als »religiöse« nicht rein subjektiv; sie ist nicht ein bloßes Tun-als-ob. Religion, auch als Haltung, kann sich keiner selbst zurechtmachen; sie ist immer Antwort auf eine ganz bestimmte objektive Weltsicht, und eben diese Weltsicht soll die Meditation allererst vermitteln. Die religiöse Haltung wird bestimmt vom religiösen *Gehalt*, auf den sie antwortet und den sie ausdrückt. In den sogenannten Offenbarungsreligionen wird dieser Gehalt als von Gott selbst »geoffenbart« und damit als bestimmend für die bloß menschliche Haltung gesehen.

Wahrscheinlich gibt es über Judentum, Christentum und Islam hinaus in nahezu allen Religionen Offenbarungselemente; doch in den genannten drei bilden sie die unverrückbare Grundlage der Religion, so daß ihr gegenüber die Haltung zweitrangig erscheinen kann. Wenn man nur am dogmatischen Offenbarungsgehalt dieser Religionen unverrückbar festhält, so scheint es, dann braucht man sich nicht mehr groß um die religiöse Haltung zu kümmern; sie kann sich, meint man, auf recht formalistische Kult- und Gebetsübungen beschränken...

Sie beginnen zu ahnen, weshalb wir diesen Kursteil mit Übungen eingeleitet haben, die Sie zu einer religiösen Haltung hinführen oder diese Haltung in Ihnen vertiefen sollten. Ohne religiöse Haltung könnten Sie den religiösen Gehalt nur sehr verkürzt oder gar nicht aufnehmen. Christlich gesprochen: ohne ihn anzubeten, können Sie Gott nicht entdecken. Jetzt aber sollten Sie bereit sein, in Ihren Meditationen mehr und mehr Gott selbst zu entdecken, den Inbegriff allen religiösen Gehalts. Wir möchten Sie zu dieser Entdeckung auf dem Weg der ältesten und ausdrücklichsten Offenbarungsreligion führen: vom Judentum zum Christentum.

7. Übungsreihe
Biblische Gotteserfahrungen

Einleitung

Die vorhergehenden Übungsreihen sollten Ihnen geholfen haben, die religiöse Dimension Ihrer Alltagserfahrungen zu erspüren und zu entziffern. Was aber ist diese »Mitte«, diese »Tiefe«, dieses »Zwischen«, das sich Ihnen in der Meditation auftut? Dürfen, müssen wir es »Gott« nennen?

Um eine Antwort auf diese Frage zu finden, wenden wir uns einer religiösen Tradition zu, die sich mehr als jede andere rühmt, Gottes Wirken und Gottes Gegenwart in der Geschichte erfahren zu haben: der israelitischen Gotteserfahrung, wie sie in der Bibel niedergelegt ist. Die Bibel ist eine kleine Bibliothek verschiedenartiger Bücher: Erzählungen, Geschichtswerke, religiöse Dichtung. Alle wollen etwas von der Erfahrung vermitteln, die das Volk Israel mit »seinem« Gott gemacht hat. Für die Christen ist diese biblische Gotteserfahrung besonders wichtig, weil das Christentum darauf aufbaut, und weil wir glauben, daß sich in diesen Erfahrungen Gott selbst zu erkennen gegeben hat. Dieser Gott hat einen Namen, den er Mose mitgeteilt hat. Doch die Israeliten haben es sich verboten, den heiligen Namen Gottes auszusprechen. Wo Sie in den folgenden Texten das Wort »der Herr« lesen, steht dieses Wort für den unaussprechlichen Gottesnamen.

Wenn wir Sie nun einladen, etwas von dieser biblischen Gotteserfahrung meditativ nachzuvollziehen, dann sollen Ihnen diese Meditationen helfen, Ihre eigene, alltägliche Erfahrung in einem andern Licht zu sehen und sie mit dem Schlüssel der biblischen Gotteserfahrung zu entziffern. Die biblischen »Geschichten« sind ja sozusagen Kurzformeln: abgekürzte lebenslange Prozesse. Verzagen Sie nicht, wenn Sie das in den Geschichten Erzählte nur nach und nach nachzuleben, ja zu verstehen vermögen. Es kommt nur darauf an, daß auch Sie in einen Prozeß eintreten und etwas in Ihrem Leben lebendig werden lassen. Dabei sollen Sie keineswegs gezwungen werden, sich eine Ihnen fremde Erfahrung zu eigen zu machen oder sich gar zu einem Glauben zu bekennen, der Ihnen von außen aufdiktiert würde. Wenn Sie schon gläubiger Jude oder Christ sind, werden Sie sich in den folgenden Meditationen bald zuhause fühlen; wenn nicht, entdecken Sie vielleicht unbekanntes Land. Wir stellen Ihnen die Meditationen jedenfalls in ihrer mutmaßlichen historischen Reihenfolge vor; es sind Schritte einer Entdeckung.

Die Gottesereignisse

Unter vielen andern berichtet die Bibel von einigen wenigen Erfahrungen, die ganz einmalige, ja außerordentliche Züge tragen. Plötzlich und unverhofft fand sich da ein Mensch einem Ereignis oder einer Erscheinung gegenüber, die er selbst unmöglich herbeigeführt oder auch nur herbeigewünscht haben konnte – z.B. vor einem Busch, der brennt und doch nicht verbrennt. In diesen Erfahrungen, die einen Menschen sozusagen überfallen, gibt sich Gott als der Herr und als der eigentlich Handelnde kund. Angesichts eines solchen »Gottesereignisses« erschrickt der Mensch und ist verblüfft; doch im Nachhinein beginnt er zu verstehen, was Gott ihm damit »offenbaren« wollte.

Ein derartiges Gottesereignis können und sollen Sie in der Meditation nicht herbeizwingen. Eine Überraschung kann keiner sich selber geben, ja er kann sie nicht einmal erwarten. Aber Sie können in der Meditation versuchen, diese Erfahrungen so »nachzuerleben«, wie sie uns aufgeschrieben sind. Dieses Nacherleben hilft Ihnen, Ihre eigenen Erfahrungen deutlicher wahrzunehmen und sie besser zu verstehen. Vielleicht erkennen Sie dann, daß auch in Ihrem Leben Gott manchmal »handelt«.

Die Schritte der Meditation

Nach dem Gesagten baut sich jede Übung dieser Reihe aus zwei Teilen auf: dem Nacherleben des Gottesereignisses und dem Blick auf Ihr eigenes Leben.

Für das – eindringende und vertiefende – Nacherleben ist es wichtig, daß Sie

die Geschichte vor der Übung langsam und genau durchlesen (am besten mehrmals) und sich wenigstens die Hauptpunkte genau einprägen. Nur in das, was Sie so »auswendig« wissen (und das heißt eigentlich: inwendig; die Franzosen sagen: »par coeur«), können Sie auch tiefer eindringen und es meditativ gleichsam »von innen her« verstehen.

Für die Meditation einer Geschichte oder eines Ereignisses spielt, zweitens, die Phantasie eine wichtige Rolle. Geschichten sind bewegte Bilder. Ihr Sinn wird uns meistens durch ein paar dabei gesprochene Worte aufgeschlüsselt. Mit der Phantasie sollen Sie sich jedoch nicht möglichst viele Einzelheiten der Geschichte ausmalen. Meditierte Geschichten sind meistens sehr einfach. Die Phantasie soll Ihnen vielmehr helfen, »dabei« zu sein. Mit unserer Phantasie sind wir oft an einem ganz anderen Ort und bei einer ganz anderen Betätigung als dort, wo wir uns gerade befinden. Wir sagen dann, daß wir zerstreut sind. Sie können jedoch dieses Vermögen, anderswo zu sein, auch gebrauchen, um sich zu sammeln: Sie versetzen sich in der Phantasie an den Ort der meditierten Geschichte und zu den handelnden und sprechenden Personen, und so sind Sie ganz einfach »dabei«.

Dieses einfache Dabeisein ist die beste Meditationsweise für den jeweils ersten Teil der nun folgenden Übungen. Wenn Sie bei diesem Dabeisein wach bleiben und nicht ins Träumen abgleiten, werden Sie bald auf etwas »aufmerksam werden«, etwas »wahrnehmen«. Man könnte es auch als »Innewerden« bezeichnen.

Der zweite Teil, der sich in jeder der folgenden Übungen an den ersten anschließt, ist notgedrungen etwas weniger gesammelt. Sie halten dabei das meditierte Ereignis »fest« und lassen zugleich Ihr Leben vorüberziehen: Ihr jetziges Leben oder Begebenheiten aus der Vergangenheit. Wo läßt das meditierte Ereignis in Ihrem Leben etwas »aufklingen«, wo gibt es eine »Resonanz«? Nicht, daß Sie ähnliche Erlebnisse gehabt haben müßten, aber vielleicht wird Ihnen etwas verständlich, was Ihnen früher rätselhaft war.

Wenn der Stoff für eine Übung zu reich ist, teilen Sie die zwei Teile auf zwei Übungen auf: in der ersten vertiefen Sie sich nur in die Geschichte, in der zweiten er-innern Sie sich kurz an das in der ersten Übung Erschaute und richten dann den Blick auf Ihr Leben.

Zwischen den einzelnen Schritten und als Ausklang jeder Übung lassen Sie sich zurück in die Stille vor »Gott«.

7.1 Der Traum von der Treppe

Als die Sonne unterging, beschloß Jakob, an dem Platz, an dem er gerade war, zu übernachten. Unter den Kopf legte er einen der Steine, die dort herumlagen. Während er schlief, sah er im Traum eine breite Treppe, die von der Erde bis zum Himmel reichte. Engel kamen auf ihr zur Erde herunter, andere stiegen wieder zum Himmel hinauf. Der Herr selbst stand auf der Treppe und sagte zu ihm: »Ich bin der Herr, der Gott deiner Vorfahren Abraham und Isaak. Das Land, auf dem du liegst, will ich dir und deinen Nachkommen geben. Sie werden so unzählig sein wie der Staub auf der Erde und sich nach allen Himmelsrichtungen ausbreiten. … Ich lasse dich nicht im Stich. Alles, was ich versprochen habe, werde ich tun«. Jakob erwachte. »Der Herr wohnt an diesem Ort‹, rief er, ›und ich wußte es nicht.«

Genesis 28, 11-14a.15b-16

Zum Verständnis: Jakob ist auf der Flucht vor seinem Bruder und muß deshalb aus seiner Heimat Palästina auswandern nach dem fernen Mesopotamien, einer ungewissen Zukunft entgegen. In Mesopotamien war es üblich, treppenartige Tempeltürme zu bauen, um so der Gottheit näher zu kommen. Die Treppe im Traum sagt, daß Gott hier und jetzt »da« ist, und das Auf und Nieder der »Engel« deutet die Lebendigkeit dieser Verbindung an.

Übungsanleitung

– Achten Sie auf Ihren Atem und lassen Sie sich in die Stille ein.

– Versuchen Sie dabei, sich mehr und mehr mit Jakob zu identifizieren: Er schläft, im Freien, auf der Flucht, entwurzelt und unstet, mit all den Ängsten und Ungewißheiten der Zukunft im Herzen.

– Sehen und erleben Sie sich selbst am Fuß der Treppe. Was sagt Ihnen das Auf- und Niedersteigen?

– Lassen Sie Jakob (= Sie selbst) aufwachen und lassen Sie sein Wort in sich nachklingen: »Wirklich, der Herr wohnt an diesem Ort, und ich wußte es nicht!«.

– Finden Sie etwas davon in Ihrer eigenen, gegenwärtigen oder früheren Erfahrung? Ein Staunen, daß Gott »da« ist, ohne daß Sie es bemerkt hätten? Haben Sie schon einmal ein solches Staunen erlebt? Lassen Sie es wieder in sich aufsteigen!

Abschluß

Nehmen Sie sich außerhalb der Meditation Zeit, nötigenfalls viel Zeit, um den Situationen und Erfahrungen nachzuspüren, von denen Sie *jetzt* sagen müssen: »Wirklich, Gott ist an diesem Ort, und ich wußte es nicht«. Halten Sie sie hier kurz und stichwortartig fest:

Nicht müde werden

Nicht müde werden
sondern dem Wunder
leise
wie einem Vogel
Die Hand hinhalten

Hilde Domin

7.2 Das nächtliche Ringen

In derselben Nacht ließ Jakob alle den Fluß überqueren.

Da trat ihm ein Mann entgegen und kämpfte mit ihm bis zum Morgengrauen. Als der andere sah, daß sich Jakob nicht niederringen ließ, gab er ihm einen Schlag auf das Hüftgelenk, so daß es sich ausrenkte. Dann sagte er zu ihm: »Laß mich los; es wird schon Tag!«

Aber Jakob erwiderte: »Ich lasse dich erst los, wenn du mich gesegnet hast.«

»Wie heißt du?« fragte der andere, und als Jakob seinen Namen nannte, sagte er: »Du sollst von nun an nicht mehr Jakob heißen. Du hast mit Gott und mit Menschen gekämpft und hast gesiegt; darum wird man dich Israel (Gotteskämpfer) nennen.«

Jakob bat ihn: »Sag mir doch deinen Namen!« Aber er sagte nur: »Warum fragst du?« und segnete ihn.

»Ich habe Gott selbst gesehen«, rief Jakob, »und ich lebe noch!« Darum nannte er den Ort Penuël (Gesicht Gottes). Als Jakob den Kampfplatz verließ, ging eben die Sonne auf. Er hinkte wegen seiner Hüfte.«

Genesis 32, 23.25-32

Zum Verständnis: Jakob ist im Begriff, in seine Heimat zurückzukehren. Er steht am Grenzfluß, hinter ihm sein Schwiegervater, mit dem er sich überworfen hat, vor ihm sein Bruder, der ihm mit einem feindlichen Heer entgegenzieht. Der nächtliche Ringkämpfer bedeutet für Jakob zunächst eine zusätzliche Gefahr; der Kampf läßt dauernde Spuren zurück; doch er führt zum Segen.

Übungsanleitung

– Wenn Sie still geworden sind, versetzen Sie sich in die Situation Jakobs, in der Nacht, am Grenzfluß. Welche Gefühle steigen in Ihnen auf?

– Versuchen Sie das lange, zähe und erfolglose Ringen mitzuerleben. Haben Sie auch schon solche geistige, geheimnisvolle, verzweifelte Ringkämpfe durchgemacht?

– Versuchen Sie den Schlag auf die Hüfte, das Hinken Jakobs mitzuerleben. Spüren Sie, was es heißt, das ganze Leben hinken zu müssen? (Sie dürfen ruhig an eine

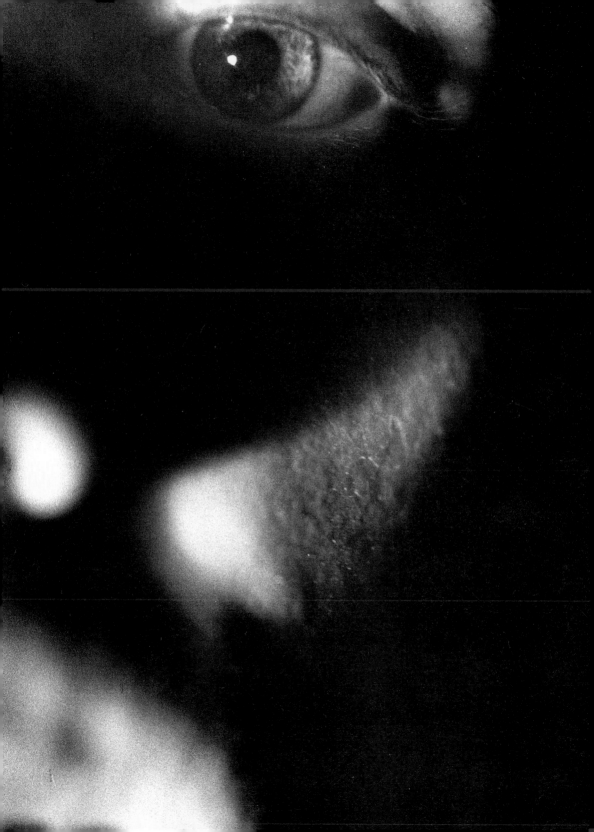

Erfahrung mit dem Ischias denken; denken Sie aber auch an geistiges »Hinken«, das viel schmerzvoller sein kann.)

Sprechen Sie *Ihr*: »Ich lasse dich erst los, wenn du mich gesegnet hast«!

Abschluß

Es ist vielleicht gut, wenn Sie diese Übung von Zeit zu Zeit wiederholen, vor allem, wenn Sie sich in einer »Jakobssituation« befinden.

Was ist *Ihre* hinkende Hüfte? Sie können es hier vermerken:

7.3 Die Flamme, die nicht verzehrt

Mose hütete die Schafe und Ziegen seines Schwiegervaters Jitro, des Priesters von Midian. Als er die Herde durch die Steppe trieb, kam er eines Tages an den Gottesberg, den Horeb. Dort erscheint ihm der Herr in einer lodernden Flamme, die aus einem Dornbusch schlug. Mose sah den brennenden Dornbusch; es fiel ihm auf, daß der Busch von der Flamme nicht verzehrt wurde. »Das ist doch seltsam«, dachte er. »Warum verbrennt der Busch nicht? Das muß ich mir aus der Nähe ansehen!«

Als der Herr sah, daß Mose näherkam, rief er ihn aus dem Busch heraus an: »Mose! Mose!«

»Ja« antwortete Mose, »ich höre!«

»Komm nicht näher!« sagte der Herr. »Zieh deine Schuhe aus, denn du stehst auf heiligem Boden.«

Exodus 3, 1-5

Zum Verständnis: Mose ist zwar Flüchtling, lebt aber in einer relativ gesicherten Stellung ein sorg- und ereignisloses Leben. Mitten in diesem Alltagsleben trifft ihn das Gottesereignis. Gott wird ihm den Auftrag geben, sein Volk aus dem Sklavendasein in Ägypten herauszuführen.

Übungsanleitung

– Beim Stillwerden versetzen Sie sich mit Mose in die karge Steppe am Fuß des felsigen Berges.

– Sehen Sie mit ihm, wie einer der wenigen Dornsträucher brennt.

– Sie haben schon ganz zu Anfang, bei den Meditationen über die Kerze, über eine Flamme meditiert. Aber es war eine Flamme, in der die Kerze sich verzehrte. Schauen Sie auf diese Flamme, die brennt und nicht verzehrt. (Eigentlich könnte man die Hand in diese Wunderflamme halten…)

– Hören Sie das Wort, das Mose gebietet, nicht näher zu kommen!

– Wie erleben Sie die Flamme, die nicht verzehrt? Und das »Halt«, das Mose zugerufen wird?

– Sind Sie schon einmal so etwas Nahbar-Unnahbarem begegnet?

Abschluß

Wenn Sie in Ihrem Erleben oder in Ihren Begegnungen etwas Nahbar- Unnahbares entdeckt haben, dann versuchen Sie ihm fortan mit größerer Ehrfurcht zu begegnen. Ehrfurcht schließt Anziehung nicht aus, sondern ein.

Schreiben Sie hier Ihre diesbezüglichen Erfahrungen auf:

7.4 Der Ruf in der Nacht

Der junge Samuel half Eli beim Priesterdienst. In jener Zeit kam es nur noch selten vor, daß der Herr zu einem Menschen sprach oder ihm im Traum erschien. Eli war fast erblindet. Eines Nachts schlief er an seinem gewohnten Platz, und auch Samuel schlief im Heiligtum, ganz in der Nähe der Bundeslade. Die Lampe im Heiligtum brannte noch.

Da rief der Herr: »Samuel!«

»Ja« antwortete der Junge, lief schnell zu Eli und sagte: »Hier bin ich, du hast mich gerufen.«

»Nein«, sagte Eli, »ich habe nicht gerufen. Geh wieder schlafen!« Samuel ging und legte sich wieder hin. Noch einmal rief der Herr: »Samuel!«, und wieder stand der Junge auf, ging zu Eli und sagte: »Hier bin ich, du hast mich gerufen.« Aber Eli wiederholte: »Ich habe dich nicht gerufen, geh nur wieder schlafen!«

Samuel wußte nicht, daß es der Herr war; denn er hatte seine Stimme noch nie gehört. Der Herr rief ihn zum dritten Mal und wieder ging Samuel zu Eli und meldete sich. Da merkte Eli, daß es der Herr war, der den Jungen rief, und er sagte zu ihm: »Geh wieder schlafen, und wenn du noch einmal gerufen wirst, dann antworte: ›Sprich, Herr, ich höre!‹«

Samuel ging und legte sich wieder hin. Da trat der Herr zu ihm und rief wie zuvor: »Samuel! Samuel!« Der Junge antwortete: »Sprich, Herr, ich höre!« Da sagte der Herr: »Ich werde in Isreal etwas tun; die Ohren werden jedem wehtun, der davon hört.«

1 Samuel 3, 1-11

Zum Verständnis: Die Szene spielt im Zentralheiligtum Gottes in Schilo; die Bundeslade ist Zeichen und Ort der Anwesenheit Gottes. Im Heiligtum wurden Gott Opfer dargebracht und von Gott Weisungen erteilt. Weisungen ergingen jedoch schon lange nicht mehr, und die nichtsnutzigen Söhne des Oberpriesters Eli hatten den Opferdienst zu einem lukrativen Familienunternehmen gemacht. Samuel dagegen war von seiner Mutter schon als Kind Gott geweiht und ins Heiligtum gebracht worden. Ihm wird Gott offenbaren, wie er die Familie Elis bestrafen will.

– Beim Stillwerden versetzen Sie sich mit Samuel ins Heiligtum. Es ist Nacht. Versuchen Sie, sich mit dem schlafenden Samuel zu identifizieren.
– Hören Sie den Ruf, der Sie aufweckt, zwei-, drei- , viermal. Er ruft Samuel bei seinem Namen, in einer Weise, daß er mit einem menschlichen Rufen verwechselt werden kann.
– Versuchen auch Sie die Antwort zu geben (innerlich, ehrlich, nicht mit Worten): »Sprich, Herr, ich höre!«.
– In dieser Hörbereitschaft für den Herrn lassen Sie sich wieder in die Stille ein – sozusagen mit offenen Ohren.

Abschluß

Überlegen Sie sich, ob Sie in Ihrem Leben vielleicht schon einmal einen Samuelruf gehört haben. Wenn das der Fall ist, dann wiederholen Sie diese Übung, indem Sie sich ausdrücklich in jene frühere Situation zurückversetzen.

Was sagt Ihnen das: »Sprich, Herr, ich höre!«? Ändert es etwas in Ihrem Leben? Was? Schreiben Sie es auf der folgenden Seite auf. Wenn Ihnen die Antwort Samuels nichts sagt, machen Sie diese Übung bald noch einmal.

Invenietis

Ihr werdet finden
sagte der Bote
und half nur
durch die angabe
einiger zeichen
die aber wie sie waren
den fund verschlüsselten
zugunsten
des suchens

Norbert Loacker

7.5 Die Stimme des Propheten

Dem Herrn mißfiel, was David getan hatte. Er sandte den Propheten Natan zu ihm.

Natan ging zum König und sagte: »Ich muß dir einen Rechtsfall vortragen: Zwei Männer lebten in derselben Stadt. Der eine war reich, der andere arm. Der Reiche besaß viele Schafe und Rinder. Der Arme hatte nur ein einziges Lamm. Er hatte es sich gekauft und zog es zusammen mit seinen eigenen Kindern auf. Es aß von seinem Teller, trank aus seinem Becher und schlief in seinem Schoß. Er hielt es wie eine Tochter. Eines Tages bekam der reiche Mann Besuch. Er wollte keines von seinen eigenen Schafen oder Rindern für seinen Gast hergeben. Darum nahm er dem Armen das Lamm weg und setzte es seinem Gast vor.«

Vom Zorn gepackt fuhr David auf und rief: »So gewiß der Herr lebt: Dieser Mann muß sterben! Das Lamm muß er vierfach ersetzen. Wie konnte er so etwas Gemeines tun!«

»Du bist dieser Mann« sagte Natan.

David sagte zu Natan: »Ich bekenne mich schuldig vor dem Herrn!« Natan erwiderte: »Weil du das einsiehst, hat der Herr deine Schuld vergeben.«

2 Samuel 12, 1-7.13

Zum Verständnis: David, von Gott selbst zum König über Israel berufen, hat schwer gesündigt: Er versuchte einen Ehebruch dadurch zu vertuschen, daß er den rechtmäßigen Ehemann umbringen ließ. Gerade da tritt ihm Gott durch die Stimme des Propheten gegenüber.

– Beim Stillwerden versetzen Sie sich in den Königspalast in Jerusalem. Sie sehen den jungen, rothaarigen König David und den Propheten Natan, der ihm gegenübertritt.

– Hören Sie die Worte Natans, besonders sein letztes: »Du bist dieser Mann«.

– Versetzen Sie sich an die Stelle Davids und lassen Sie diese Worte sich selbst gesagt sein. Lassen Sie es zu, daß in Ihnen eine Begebenheit hochkommt, für die Sie sich wirklich vor Gott schuldig fühlen.

– Setzen Sie sich dem »Du selbst bist dieser« (hebräisch: »Athá Ha-isch«) aus; Sie können es sich leise wiederholen.

– Schließen Sie die Übung nicht ab, ohne auch auf das letzte Zwiegespräch zwischen David und Natan zu hören!

Abschluß

Diese Übung gibt Ihnen möglicherweise viel Nacharbeit auf. An der Stelle der Stimme des Propheten steht für uns die Stimme des Gewissens. Sie haben sie wahrscheinlich auch schon gehört, sie möglicherweise verdrängt oder versucht, über sie hinwegzugehen. Jetzt mag diese Stimme wieder in Ihnen aufbrechen. Gehen Sie ihr nicht aus dem Weg; beladen Sie sich aber auch nicht mit Schuldgefühlen. (Schuldgefühle und die Stimme des Gewissens sind zweierlei; richtig gehört, befreit das Gewissen vom Zwang der Schuldgefühle.)

Wenn das alles für Sie zutrifft, dann wiederholen Sie die Übung mehrmals und verweilen Sie vor allem beim abschließenden Zwiegespräch – bis Sie spüren, daß es Sie innerlich frei macht.

Als ersten Schritt in diese Freiheit möchten Sie vielleicht hier Ihre Schuld (stichwortartig, verschlüsselt) kurz anmerken. (Und wenn die Übung Sie dazu einlädt, einen Menschen um Verzeihung zu bitten, dann folgen Sie dieser Einladung!)

7.6 Der sanfte Hauch oder: Gott ist anders

Elija wanderte vierzig Tage bis er zum Berg Gottes, dem Horeb, kam. Dort fand er eine Höhle und wollte sich darin schlafen legen. Da hörte er plötzlich die Stimme des Herrn: »Elija, was willst du hier?« Elija antwortete: »Herr, ich habe mich leidenschaftlich für dich, den Gott Israels und Herrn der ganzen Welt, eingesetzt; denn die Israeliten haben den Bund gebrochen, den du mit ihnen geschlossen hast; sie haben deine Altäre niedergerissen und deine Propheten umgebracht. Ich allein bin übriggeblieben, und nun wollen sie auch mich noch töten.«

Der Herr sagte: »Verlaß die Höhle und tritt auf den Berg vor mich hin!« Dann ging der Herr an der Höhle vorüber. Zuerst kam ein gewaltiger Sturm, der an der Bergwand rüttelte, daß die Felsbrocken flogen. Aber der Herr war nicht im Sturm. Als der Sturm sich gelegt hatte, bebte die Erde, doch auch im Erdbeben war der Herr nicht. Dann kam Feuer, aber der Herr war auch nicht in dem Feuer. Zuletzt hörte Elija einen ganz leisen Hauch.

Da verhüllte er sein Gesicht mit dem Mantel, trat ins Freie und blieb vor dem Eingang der Höhle stehen. Eine Stimme fragte ihn: »Elija, was willst du hier?«

1 Könige 19, 8-13

Zum Verständnis: Der Prophet Elija lebte in einer Krisenzeit; fast das ganze Volk war vom wahren Gott (vom »Herrn«) abgefallen und hatte sich dem Götzendienst ergeben. Der Kampf des Elija gegen diesen Abfall scheint aussichtslos. Da wird ihm ein Gottesereignis zuteil – auf dem gleichen Gottesberg Horeb, wo Mose den brennenden Busch gesehen und später unter Blitz, Donner und Erdbeben von Gott das Gesetz empfangen hatte. Doch was damals Zeichen für die furchterregende Gegenwart Gottes war, ist jetzt nur noch Vorbote für sein Kommen. Gott zeigt sich nicht als der Gewaltige, Zerstörerische, Siegende, sondern als ein fast unmerklicher, liebkosender Windhauch.

Übungsanleitung

– Lassen Sie sich lange Zeit, um ganz still zu werden. Sie können dabei im Geist mit Elija den langen Weg zum Gottesberg gehen.

– Lassen Sie sich meditativ auf die Stimmung des Elija ein: sein eifersüchtiges Kämpfen für Gott, seine Wut gegen die Götzendiener, aber auch seine Verzweiflung, sein Überdruß über den aussichtslosen Kampf, seine Angst… Erleben Sie in sich ähnliche Stimmungen?

– Versuchen Sie, die Ereignisse vor der Berghöhle mitzuerleben, eines nach dem andern: Sturm, Erdbeben, Feuer, Windhauch. Wie erleben Sie jedes dieser Phänomene? Was sagen sie Ihnen?

– Sagen Sie sich bei den ersten drei, indem Sie das Wort öfter wiederholen: »nicht Gott!«, beim vierten: »Gott!«.

– Verweilen Sie zum Abschluß in Stille beim sanften, angenehmen Windhauch. Spüren Sie ihn?

Abschluß

1. Diese Übung kann für Sie sehr reich werden, aber sie bedarf wohl einiger Wiederholung und Nacharbeit. Wiederholen Sie die Übungen 1.9 und 2.6, bevor Sie diese Übung wiederholen.

2. Überdenken Sie vor oder nach einer der Wiederholungen das Wort Jesu:

Was Menschen zur Welt bringen, ist und bleibt menschlich. Geistliches aber kann nur vom Geist Gottes geboren werden. Der Wind weht, wo es ihm gefällt. Du hörst ihn nur rauschen, aber weißt nicht, woher er kommt und wohin er geht. So ist es auch bei denen, die vom Geist geboren werden.

Johannes 3, 6.8

3. Setzen Sie sich nach der Meditationserfahrung einmal ruhig hin und überlegen Sie sich, was für Sie, für Ihr ganz konkretes Leben, dieser Unterschied des dreimaligen »Nicht Gott!« und das »Gott!« beim sanften Säuseln bedeutet. Schreiben Sie Ihre Erfahrung hier auf:

7.7 Das ungeteilte Herz

Höre Israel! der Herr, unser Gott, der Herr ist einzig. Darum sollst du den Herrn, deinen Gott, lieben mit ganzem Herzen, mit ganzer Seele und mit ganzer Kraft.

Diese Worte, auf die ich dich heute verpflichte, sollen auf deinem Herzen geschrieben stehen. Du sollst sie deinen Söhnen wiederholen. Du sollst von ihnen reden, wenn du zu Hause sitzt und wenn du auf der Straße gehst, wenn du dich schlafen legst und wenn du aufstehst. Du sollst sie als Zeichen um das Handgelenk binden. Sie sollen zum Schmuck auf deiner Stirn werden. Du sollst sie auf die Türpfosten deines Hauses und in deine Stadttore schreiben.

Deuteronomium 6, 4-9

Zum Verständnis: In diesem Gebet-Gebot, das gläubige Juden jeden Tag beten und tatsächlich an die Türpfosten ihrer Wohnungen schreiben, ist die ganze Gotteserfahrung der Bibel zusammengefaßt. Sie ist zusammengefaßt in der einzig möglichen menschlichen Antwort auf diesen Gott: ihn mit ungeteiltem Herzen zu lieben, und das in allen Lebenslagen.

Übungsanleitung

– Lassen Sie sich für diese Übung ganz still werden.
– Hören Sie die Worte, wie sie *zu Ihnen* gesagt werden. Lassen Sie sich diese Worte von einer der Personen sagen, denen Sie in dieser Übungsreihe begegnet sind: Mose, David, Elija… Wählen Sie (schon in der Vorbereitung) jene Person, die Ihnen persönlich am meisten »gesagt hat«.
– Nehmen Sie für eine erste Meditation nur den ersten Abschnitt des Textes. Sie können ihn sich immer wieder leise vorsagen (vielleicht nur die wichtigsten Worte daraus: einzig… ganz…). Lassen Sie diese Worte in sich einsickern.
– Bei einer Wiederholung können Sie dann auch zum zweiten Textteil übergehen.
– Schließen Sie die Meditation mit stillem da-Sein ab.

Was haben Ihnen diese Worte gesagt? Lassen Sie sie nicht isoliert in der Meditation stehen, sondern nehmen Sie sie in Ihr konkretes Leben hinein. Vielleicht lernen Sie, wie die Juden, diese Worte auswendig und wiederholen Sie sie oft. Schreiben Sie hier auf, was diese Worte für Ihr Leben bedeuten:

Ein Gesetzeslehrer fragte Jesus: »Welches ist das wichtigste von allen Geboten des Gesetzes?«

Jesus sagte: »Das wichtigste Gebot ist dieses: ›Hört, ihr Israeliten! Der Herr ist unser Gott, der Herr und kein anderer. Darum liebt ihn von ganzem Herzen, mit ganzem Willen und ganzem Verstand und mit allen Kräften!‹ Gleich danach kommt das andere Gebot: ›Liebe deinen Mitmenschen wie dich selbst!‹ Es gibt kein Gebot, das wichtiger ist als diese beiden.«

Da sagte der Gesetzeslehrer zu Jesus: »Du hast vollkommen recht, Lehrer. Es ist so, wie du sagst. Nur einer ist Gott und es gibt keinen Gott außer ihm. Und darum sollen wir Gott lieben von ganzem Herzen, mit ganzem Verstand und mit allen Kräften, und unsere Mitmenschen lieben wie uns selbst. Das ist viel wichtiger, als Gott Brandopfer und alle möglichen anderen Opfer darzubringen.«

Jesus fand, daß er vernünftig geantwortet hatte, und sagte zu ihm: »Du fängst an zu begreifen, was es heißt, sich der Herrschaft Gottes zu unterstellen.«

Markus 12, 28-34

Fragen

1. Aus welchem Grund haben Sie sich in den letzten Wochen mit den Übungen dieses dritten Bandes beschäftigt?

   a. Ich hatte die ersten beiden Bände fertig durchgearbeitet. ❏

   b. Das Buch ist mir beim Buchhändler oder als Geschenk in die Hände gekommen. ❏

   c. Ich bin mehr an religiöser Meditation als an Meditation überhaupt interessiert. ❏

   d. Ich war neugierig, was religiöse Meditation sein könnte. ❏

   e. Ich habe zwar kein Interesse an religiöser Meditation, möchte aber den Kurs doch bis zum Ende durcharbeiten. ❏

2. Sind Sie beim Meditieren der letzten sieben Übungsreihen auf Schwierigkeiten besonderer Art gestoßen?

   A Nein.

   a. Ich fühle mich wohl wie ein Fisch im Wasser. ❏

   b. Die Übungen bringen mir etwas von dem, worauf ich schon lange gewartet habe. ❏

   c. Ich bin schon seit längerer Zeit gewohnt, in religiöser Weise zu meditieren. ❏

   B Ja. Ich bin auf Schwierigkeiten gestoßen, denn:

   a. Ich habe grundsätzliche (theoretische) Bedenken gegen alles Religiöse. ❏

   b. Ich kann mit einem anonym Religiösen nichts anfangen. ❏

   c. Ich habe in meinem bisherigen Leben mit der Religion schlechte Erfahrungen gemacht. ❏

   d. Die Sprache der Übungsimpulse ist mir ungewohnt, ich kann mich und mein religiöses Erleben in ihr nicht wiederfinden. ❏

   e. Ich verstehe überhaupt nicht, was diese Übungen Neues bringen sollen. ❏

3. In der 1. bis 4. Reihe sind frühere Übungen wiederholt und vertieft worden. Haben Sie bei diesen Wiederholungen eine neue Art von Erfahrung gemacht?

   A Nein. Denn

   a. Ich konnte nicht sehen, was hier neu sein soll. ❏

   b. Ich hatte diese Übungen früher schon als religiöse Meditation entdeckt. ❏

B Ja. Denn:

a. Schönheit ist für mich nun nicht mehr nur ein vorübergehendes Erlebnis, sondern etwas, das mich persönlich betrifft und ergreift. Ich spüre, daß etwas »hinter« der Schönheit steht. ❏

b. Ich erlebe das Schöne als ein Geschenk, dem gegenüber ich mich verantwortlich fühle. ❏

c. Verantwortung ist für mich viel sinnvoller geworden, sie zieht mich an, aber ich habe noch Mühe, mich dieser Verantwortung zu stellen. ❏

d. Ich kann Beziehungen, die mich fordern, leichter durchtragen; ich bin mit meiner Verantwortung nicht allein. ❏

e. Ich fühle mich nicht nur gegenüber meinen Mitmenschen verantwortlich, sondern auch gegenüber einem Dritten, das uns umgreift. ❏

f. Es bricht im Moment manches in mir auf, aber ich kann es noch nicht beschreiben. ❏

4. Konnten Sie sich in der 5. bis 7. Übungsreihe beim meditativen Nachvollzug in fremde religiöse Erfahrungen hineinversetzen?

A Nein.

a. Alle oder die meisten dieser Erfahrungen waren mir gänzlich unverständlich. ❏

b. Es widerstrebt mir, mich in die intime Erlebniswelt eines anderen Menschen hineinzustehlen. ❏

c. Ich fürchtete, ich könnte mich in diesen Erfahrungen verlieren. ❏

d. Es war mir zu hoch, ich bin keine große religiöse Persönlichkeit. ❏

B Ja, größtenteils. ❏

C Nur sehr teilweise.

a. Es gelang mir mit den mir vertrauten Erfahrungen der biblischen Tradition. ❏

b. Es gelang mir, wenn ich religiösen Erfahrungen begegnete, die mir bisher unbekannt waren. ❏

Fragen und Antworten

1. Aus welchem Grund haben Sie sich in den letzten Wochen mit den Übungen dieses dritten Bandes beschäftigt?

a. Ich hatte die ersten beiden Bände fertig durchgearbeitet.

☺

b. Das Buch ist mir beim Buchhändler oder als Geschenk in die Hände gekommen.

☞ *Sie sind auf der Zielgeraden ins Rennen eingestiegen. Wie Sie bereits bemerkt haben, greifen diese Übungen öfters auf das in den ersten beiden Bänden Erarbeitete zurück. Um aus diesen Übungen vollen Gewinn zu ziehen, sollten Sie sich auch mit den ersten beiden Kursteilen vertraut machen.*

c. Ich bin mehr an religiöser Meditation als an Meditation überhaupt interessiert.

☞ *Wir hoffen, daß Sie nicht allzu schnell über die ersten beiden Kursteile hinweggegangen sind. Ihre religiöse Meditation kann nur gewinnen, wenn Sie sich eingehend in den verschiedenen Meditationspraktiken schulen. Außerdem wird ein religiöser Sinn auch in den scheinbaren Anfängerübungen den Zugang zu Gott entdecken.*

d. Ich war neugierig, was religiöse Meditation sein könnte.

☞ *Beginnen Sie eine Antwort zu erahnen? Vgl. die Frage 3.B.*
e. Ich habe zwar kein Interesse an religiöser Meditation, möchte aber den Kurs doch bis zum Ende durcharbeiten.

☞ *Wir hoffen, daß das für Sie nicht nur eine Pflichtübung ist, sondern daß Sie die eine und andere Entdeckung machen, die auch für Sie persönlich etwas bedeutet. Jedenfalls ist eine Weiterarbeit nur sinnvoll, wenn Sie sich für neue und ungewohnte Erfahrungen nicht verschließen.*

2. Sind Sie beim Meditieren der letzten sieben Übungsreihen auf Schwierigkeiten besonderer Art gestoßen?
A Nein.
   a. Ich fühle mich wohl wie ein Fisch im Wasser.

☞ *Ihre Religiosität ist wahrscheinlich zu gefühlsbetont. Nehmen Sie die jeweiligen Vorschläge zur Nacharbeit sehr ernst, damit Sie nicht ins Schwärmen geraten.*

b. Die Übungen bringen mir etwas von dem, worauf ich schon lange gewartet habe.

c. Ich bin schon seit längerer Zeit gewohnt, in religiöser Weise zu meditieren.

☞ *Die Vorschläge zur Nacharbeit können Ihnen helfen, Ihr Meditieren in Ihrem Alltag wirksamer werden zu lassen.*

B   Ja. Ich bin auf Schwierigkeiten gestoßen, denn:

     a. Ich habe grundsätzliche (theoretische) Bedenken gegen alles Religiöse.

☞   *Wenn Sie merken, daß Ihre Bedenken immer wieder zu Spannungen oder Blockierungen während der Meditation führen, ist es wohl besser, wenn Sie sich für den Augenblick nur an die Übungen von Band 1 und Band 2 halten. Wir können Ihre Bedenken hier natürlich nicht durchbesprechen. Aber es könnte vielleicht nützlich sein, wenn Sie diese einmal aussprechen.*

     b. Ich kann mit einem anonym Religiösen nichts anfangen.

☞   *Vermutlich ist das Religiöse für Sie stark an bestimmte Formen und Formulierungen gebunden. Mißtrauen Sie nicht grundsätzlich Formulierungen, die Ihnen nicht vertraut sind; versuchen Sie sich vielmehr für die vielleicht wertvollen Erfahrungen zu öffnen, die sich hinter ungewohnten Ausdrücken verbergen.*

     c. Ich habe in meinem bisherigen Leben mit der Religion schlechte Erfahrungen gemacht.

☞   *Sind Ihre schlechten Erfahrungen nicht viel mehr Erfahrungen mit ganz bestimmten Menschen in Verbindung mit der Religion? Nehmen Sie sich die Zeit, dem auf den Grund zu gehen, das kann Ihnen helfen, mit größerer innerer Freiheit an die folgenden Übungen heranzugehen. Sie wollen Ihnen zu religiöser Erfahrung ohne Bindung an bestimmte Menschen verhelfen.*

     d. Die Sprache der Übungsimpulse ist mir ungewohnt, ich kann mich und mein religiöses Erleben in ihr nicht wiederfinden.

☞   *Lassen Sie sich Zeit im Entdecken einer religiösen Sprache. Versuchen Sie das, was Ihnen in den Meditationen aufgeht, in eigenen Worten zu formulieren.*

     e. Ich verstehe überhaupt nicht, was diese Übungen Neues bringen sollen.

☞   *Ihre Antwort kann zweierlei bedeuten: Vielleicht sind Ihre Sinne noch nicht genügend geschärft, um dieses Neue zu entdecken; vielleicht aber ist es Ihnen tatsächlich schon altvertraut. In beiden Fällen kann ein geduldiges Weiterüben Ihnen eine neue Erfahrungsdimension eröffnen.*

3.   In der 1. bis 4. Reihe sind frühere Übungen wiederholt und vertieft worden. Haben Sie bei diesen Wiederholungen eine neue Art von Erfahrung gemacht?

A   Nein. Denn

    a. Ich konnte nicht sehen, was hier neu sein soll.

 Vergleichen Sie die unmittelbar vorausgehende Antwort.

    b. Ich hatte diese Übungen früher schon als religiöse Meditation entdeckt.

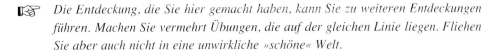

B   Ja. Denn:

    a. Schönheit ist für mich nun nicht mehr nur ein vorübergehendes Erlebnis, sondern etwas, das mich persönlich betrifft und ergreift. Ich spüre, daß in der Schönheit etwas zu Tage tritt, das sich »hinter« ihr verbirgt.

 Die Entdeckung, die Sie hier gemacht haben, kann Sie zu weiteren Entdeckungen führen. Machen Sie vermehrt Übungen, die auf der gleichen Linie liegen. Fliehen Sie aber auch nicht in eine unwirkliche »schöne« Welt.

    b. Ich erlebe das Schöne als ein Geschenk, dem gegenüber ich mich verantwortlich fühle.

    c. Verantwortung ist für mich viel sinnvoller geworden, sie zieht mich an, aber ich habe noch Mühe, mich dieser Verantwortung zu stellen.

  Im Fortgang der Meditation werden Sie noch mehr Kraft finden, diese Verantwortung zu tragen.

    d. Ich kann Beziehungen, die mich fordern, leichter durchtragen; ich bin mit meiner Verantwortung nicht allein.

    e. Ich fühle mich nicht nur gegenüber meinen Mitmenschen verantwortlich, sondern auch gegenüber einem Dritten, das uns umgreift.

  Sie werden in dieser Erfahrung noch bestärkt werden durch die Übungen der christlichen Meditation.

    f. Es bricht im Moment manches in mir auf, aber ich kann es noch nicht beschreiben.

☞ *Nehmen Sie sich trotzdem die Zeit und die Mühe, einige Stichworte dazu aufzu-*
schreiben. Denn das Ringen um einen sprachlichen Ausdruck kann auch das wort-
lose Geschehen der Meditation fördern.

4.   Konnten Sie sich in der 5. bis 7. Übungsreihe beim meditativen Nachvollzug in fremde
religiöse Erfahrungen hineinversetzen?

A   Nein.

a. Alle oder die meisten dieser Erfahrungen waren mir gänzlich unverständlich.

☞ *Mit welcher Einstellung sind Sie an diese Übungen herangegangen? Hat Sie die*
Erwartung getragen, etwas für Sie Wertvolles, wenn auch vielleicht Fremdartiges
zu entdecken? Wenn ja, nehmen Sie sich jene Übungen noch einmal vor, wo Ihnen
wenigstens ansatzweise etwas aufgeleuchtet ist. Wenn nicht, fragen Sie sich, wie es
überhaupt mit Ihrem Interesse für fremde Erfahrungen steht. Meditierende können
nicht Selbstversorger sein.

b. Es widerstrebt mir, mich in die intime Erlebniswelt eines anderen Menschen
hineinzustehlen.

☞ *Es geht hier gar nicht um rein private Erlebnisse. Wären sie uns nicht aufgezeichnet,*
wüßten wir nicht um sie. Sie wurden aber aufgezeichnet, damit sie auch für die Mit-
und Nachwelt Gültigkeit haben können. Schließen Sie sich aus dieser Nachwelt
nicht aus. Sie dürfen durch Ihr Meditieren am religiösen Erfahrungsschatz der
Menschheit teilnehmen.

c. Ich fürchtete, ich könnte mich in diesen Erfahrungen verlieren.

☞ *Wir haben Ihnen diese Erfahrungen nicht zugemutet, damit Sie sich darin verlieren,*
sondern damit Sie sich diese Erfahrungen zu eigen machen. Auch wenn sie Ihnen
zuerst als ein Gewand erscheinen, das Ihnen zu groß ist und in dem Sie sich
»verlieren«, werden Sie lernen, in dieses Gewand hineinzuwachsen. Wer weiß:
vielleicht müssen Sie sich wirklich verlieren, um sich wiederzufinden?

d. Es war mir zu hoch, ich bin keine große religiöse Persönlichkeit.

☞ *Das in der vorausgehenden Antwort vom Gewand Gesagte gilt auch für Sie!*

B   Ja, größtenteils.

☞ *Schützen Sie sich durch ernsthafte Nacharbeit vor der Gefahr einer bloß gedank-*
lichen oder gefühlsmäßigen Identifikation mit der fremden Erfahrung.

C Nur sehr teilweise.

a. Es gelang mir mit den mir vertrauten Erfahrungen der biblischen Tradition.

☞ *Versuchen Sie zu entdecken, wie viel die nicht-biblischen Gestalten mit den biblischen Erfahrungen gemeinsam haben. So werden Sie auch die biblischen Erfahrungen in einem neuen, vielleicht unvertrauten Licht sehen können.*

b. Es gelang mir, wenn ich religiösen Erfahrungen begegnete, die mir bisher unbekannt waren.

☞ *Vielleicht ist Ihnen der Zugang zur christlich-jüdischen Tradition aus irgendeinem Grund verbaut worden. Vergleichen Sie zunächst die Antwort zu Frage 2.B.c. Versuchen Sie dann die Erfahrungen der biblischen Gestalten mit dem gleichen Interesse und der gleichen Unbefangenheit zu meditieren wie jene der Buddhisten und Sufis.*

Liebe deine feinde
anders
kommst du nicht mehr los von ihnen

was brauchst du
um zu hassen
zuallererst ein haus

gott liebt die pilger
um ihrer übung willen
im abschied

im innern der liebe
ist erinnerung

Norbert Loacker

133

8. Übungsreihe

Gott als Du
Das du-Sagen

Einleitung

Dürfen wir es wagen, zu Gott Du zu sagen? Mancherlei Bedenken mögen dagegen stehen. Das Du klingt allzu vertraulich, allzu menschlich, als daß wir es auf Gott anwenden dürften. »Du«: das ist doch ein Partner, meinesgleichen, mit dem ich umgehen, mich messen, streiten kann. All das trifft auf Gott offenbar nicht zu – oder dann ist Jener, den ich mit Du anspreche nicht wirklich Gott, sondern ein Wunschbild, eine Projektion meinerseits, ein Ersatz für das »Du«, das ich suche und doch nicht finde.

Große religiöse Traditionen weigern sich deshalb, Gott mit Du anzusprechen, ja in ihm überhaupt so etwas wie ein persönliches Wesen zu sehen. Das würde, meinen sie, die Gottheit verkleinern, das Absolute zu einem menschlich Faßbaren machen.

Auf der anderen Seite haben Sie in den letzten drei Übungsreihen Beispiele religiöser Erfahrung angetroffen, in denen Gott doch offenbar als so etwas wie ein persönlich Handelnder erfahren wurde, als einer, der eingreift und sich so oder so gibt. Darf man ihm deshalb Du sagen? Die Menschen der Bibel haben es ohne Bedenken getan.

Die Meditationen des Kursteils *Entdeckung der Liebe* sollten Ihnen das Du als eine der tiefsten menschlichen Erfahrungen nahegebracht haben. In der vorhergehenden 7. Übungsreihe haben Sie über die religiöse Dimension der Du-Beziehung meditiert und sie damit religiös vertieft. Sollte Gott ganz außerhalb dieser Du-Beziehung stehen? Ist nicht vielleicht unser Suchen nach dem Du der beste Weg, auf dem wir Gott finden können? Vielleicht ist »Du« der einfachste und zugleich der innigste der Namen Gottes.

Wenn wir zu Gott Du sagen, meinen wir damit dreierlei: Wir versuchen, von unserer Seite, eine Beziehung zu ihm herzustellen; wir bekennen ihn als einen Jemand, den man anreden und der antworten kann; zugleich aber bekennen wir, daß er der Andere ist, mir gegenüber, mit dem ich mich nicht identifizieren kann – noch weniger als ich mich mit einem menschlichen Du identifizieren kann oder es auszuloten vermag.

Die Schritte der Meditation

Bevor Sie an die Übungen dieser Reihe gehen, ist es unerläßlich, daß Sie einige Übungen der achten Reihe des Kursteils *Entdeckung der Liebe* wiederholen, namentlich 8.1, 8.2, 8.3, 8.4. Die nun folgenden Übungen sind eine Weiterführung dieser zwischenmenschlichen Meditationen. Sie werden eingeladen, ähnlich an Gott zu denken, wie Sie an einen lieben Menschen denken. So können Sie vielleicht seine Gegen-wart erspüren, und zu ihm Du sagen.

Gleichwie Sie sich in den genannten Übungen auf die Meditation vorbereitet haben, indem Sie einen ganz bestimmten, Ihnen nahestehenden Menschen ins Auge gefaßt haben, so müssen Sie jetzt zur Vorbereitung an das denken, was Ihnen – nach den vorhergehenden Übungen – unter dem Namen »Gott« vor Augen tritt. Möglicherweise nimmt dies von Übung zu Übung verschiedene Züge an.

Für diese Übungen ist die Stille besonders wichtig. Nehmen Sie sich zu Beginn jeder Übung Zeit, sich tief in die Stille hineinzuatmen, und kehren Sie immer wieder in die Stille zurück.

Die Übungen sind ganz einfach. Sie dienen der Vertiefung, nicht der Erweiterung. Je einfacher Sie sie halten können, ohne viele verschiedene Meditations»schritte« zu machen, desto besser ist es. Im Idealfall beschäftigt Sie jeweils nur *ein* Blick, *ein* Gedanke oder *ein* Wort.

Lösen Sie sich zum Schluß jeweils langsam und bedachtsam aus der Stille der Meditation, am besten mit einer Verneigung. Vielleicht gelingt es Ihnen, das Erspürte über die Meditation hinaus festzuhalten.

8.1 An Gott denken

Wie Sie an einen abwesenden Menschen denken, so können Sie an Gott denken – spontan, oder in bewußter, willentlicher Meditation. Sie können sich »Gott« allerdings nicht vorstellen (wie jenen Menschen); aber nach den vorhergehenden Übungen sollte er (oder es) nicht mehr etwas ganz Unbestimmtes für Sie sein.

Übungsanleitung

– Lassen Sie sich tief in die Stille ein.
– Fassen Sie das ins Auge, was Ihnen in den vorhergehenden Übungen aufgegangen ist; wiederholen Sie jedoch diese Übungen nicht, sondern blicken Sie einfach auf das, was davon als Eindruck in Ihnen zurückblieb: vielleicht etwas bloß Erahntes, vielleicht ein ferner Fluchtpunkt, der außerhalb des sichtbaren Bildes blieb. (Es mag hilfreich sein, wenn Sie dabei nur eine jener Übungen ins Auge fassen, die Ihnen besonders zugesagt haben.)
– Nennen Sie dieses Unfaßbare »Gott«, und denken Sie intensiv *an* es; wünschen Sie es herbei (wie den fernen Menschen), aber denken Sie *nicht* darüber *nach*.
– Versuchen Sie, sich während diesem Denken an »Gott« in die Stille einzulassen.

8.2 Mich an Gott er-innern

Die Übung läuft parallel zu Übung 8.2 des zweiten Kursteils.

Kann ich mich an »Gott« er-innern wie an eine Begebenheit mit einem lieben Menschen? Wenn Sie nicht schon besondere »Erlebnisse« mit Gott gehabt haben, wird das kaum möglich sein. Aber Sie können sich an eine *Situation* (ein Erlebnis, eine Meditation) er-innern, wo es Ihnen etwas deutlicher geworden ist, was »Gott« heißen könnte.

– Fassen Sie bei der Vorbereitung nur eine einzige Situation oder Begebenheit ins Auge, an die Sie sich erinnern wollen.
– Achten Sie bei diesem Er-innern nicht auf sich, sondern einzig auf »Gott«.
– Versuchen Sie während der ganzen Übung möglichst still zu sein.

Abschluß

1. Sie können diese Übung nach Belieben wiederholen, indem Sie sich entweder an die gleiche Begebenheit erinnern oder an andere.

2. Was sagt Ihnen das Wort, das Katharina von Siena von Gott gehört hat: »Kümmere Dich um mich; ich werde mich um Dich kümmern«?

3. Vielleicht ist es jetzt gut, das Er-innerte kurz schriftlich festzuhalten:

8.3 Die Gegen-wart Gottes

Hier sind ganz andere Voraussetzungen gegeben als in der entsprechenden Übung 8.3 des zweiten Kursteils.

Dort ging es um die Erfahrung, wie ein abwesender Mensch mir dennoch irgendwie »nahe« sein kann. Gott dagegen (das, was Sie bisher als »Gott« erfahren und benannt haben) ist nie abwesend; es gehört zu seinem Wesen als »Mitte«, als »Tiefe«, usf. daß er/es immer »da« ist. Darum geht es in dieser Übung nur darum, daß *Sie selbst* auf dieses immer-da-Sein Gottes aufmerksam werden.

Man könnte das auch so sagen: Während ich meinen Mitmenschen »entgegen-warten« muß (vgl. 2. Kursband, S. 125), wartet »Gott« *mir* entgegen.

Übungsanleitung

– Wenn Sie still geworden sind, lassen Sie die meditative Erinnerung an Gott wieder aufleben.
– Achten Sie nicht mehr auf die vergangene Begebenheit, sondern einzig auf

»Gott«, der darin aufschien; versetzen *Sie sich* in *seine* Gegenwart, indem Sie sich (wortlos) sagen: »Hier«, »Jetzt«, »Da«. Sie können diese Worte leise und wiederholt sprechen oder es wortlos tun.

– Versuchen Sie, dieses da-Sein in der Stille festzuhalten.

Abschluß

1. Gerade weil sie so einfach ist, ist das eine schwere Übung. Wahrscheinlich müssen Sie sie mehrmals wiederholen, bis Sie ganz in sie hineinwachsen. Wenn Ihnen das Hineinwachsen Schwierigkeiten macht, dann stellen Sie diese Übung zurück; *nehmen Sie sie nach einigen anderen Übungen unbedingt wieder vor.*

Sie müßten sich mit der Zeit (gerade dies braucht viel Zeit!) in das Gegenwärtig-Sein Gottes hineinmeditieren können.

2. Die Übung gelingt wohl um so besser, je weniger Sie mit dem Namen »Gott« eine bestimmte (menschliche) *Vorstellung* von etwas oder jemand verbinden. Er/es ist einfach »da«.

3. Was sagt Ihnen die folgende Begebenheit aus der Bibel?

Mose sagte zu Gott: »Wenn ich nun zu den Israeliten komme und zu ihnen sage: ›Der Gott eurer Vorfahren hat mich zu euch geschickt‹ und sie mich dann fragen: ›Welchen Namen hat er?‹ – was soll ich Ihnen sagen?« Gott antwortet: »Ich bin der Ich-bin-da«, und er fügte hinzu: »Sage zu den Israeliten: ›Der Ich-bin-da hat mich zu euch geschickt‹ … ›Denn Herr (Ich-bin-da) ist mein Name für alle Zeiten. So sollen mich auch die kommenden Generationen nennen.«

Exodus 3, 13-14.15b

8.4 Das Grunderlebnis: Das Kind bei der Mutter

Daß jemand Größerer, Helfender, Bergender da ist, haben wir alle erstmals bei unserer Mutter erlebt – lange bevor wir uns dieses Erleben bewußt machen konnten. Das da-Sein der Mutter beim Kind und des Kindes bei der Mutter gibt deswegen das Grundmuster für unser Verstehen des da-Seins Gottes ab.

Wir können dieses wechselseitige da-Sein meditativ (nicht sentimental-träume-risch!) nachzuvollziehen versuchen, um unser geistiges (!) »Gespür« für das da-Sein Gottes zu wecken.

Diese Übung soll nicht ein Erinnern an Ihr eigenes Verhältnis zu Ihrer Mutter sein; am allerwenigsten, wenn dieses Verhältnis durch spätere Vorkommnisse belastet ist. Steigen Sie vielmehr auf objektiv-anschauliche Weise in die Meditation des Kind-Mutter- Verhältnisses ein.

Übungsanleitung

– Beobachten Sie ein Kind (zuerst vielleicht als Säugling, dann als größeres Kind), wie es sich nach seiner Mutter ausstreckt, von ihr getragen wird, sich auf sie verläßt, zur Mutter läuft, usf.
– Erleben Sie dieses Verlangen, Verhalten, Vertrauen … des Kindes innerlich mit.
– Nehmen Sie dieses Erleben mit hinein in die Stille des an »Gott« Denkens.

Abschluß

1. Vergleichen Sie das in der Meditation Erschaute mit den beiden folgenden Texten:

Die Bewohner Jerusalems klagen: »Der Herr unser Gott hat uns verlassen und vergessen!« Doch der Herr sagt: »Bringt eine Mutter es fertig ihren Säugling zu vergessen? Hat sie nicht Mitleid mit dem Kind das sie geboren hat? Und selbst wenn sie es vergessen könnte, ich vergesse euch nicht«.

Jesaja 49, 13-14

> *Herr!*
> *Ich denke nicht zu hoch von mir,*
> *auf keinen schaue ich herab.*
> *Ich frage nicht nach weitgesteckten Zielen,*
> *die unerreichbar für mich wären.*
> *Nein, still und ruhig ist mein Herz,*
> *so wie ein sattes Kind im Arm der Mutter –*
> *still wie ein solches Kind bin ich geworden.*

141

Volk Israel, vertrau dem Herrn
von jetzt an und für alle Zukunft!

Psalm 131

Sie können sich von diesen Texten zu einer oder mehreren Wiederholungsübungen anregen lassen.

2. Wenn Sie mit den Übungen dieser Reihe Schwierigkeiten haben, dann überlegen Sie sich einmal in einer ruhigen Stunde, ob Ihr Verhältnis zu Ihren Eltern irgendwie gestört war, wo und warum. Eine erste Handreichung zur Aufarbeitung solcher Störungen bieten Ihnen die Übungen 7.1- 7.4 und 10.1 des 2. Kursbandes. Kehren Sie zu ihnen zurück!

3. Wenn die Übung für Sie leicht war, dann halten Sie sich nicht lange dabei auf, sondern gehen Sie gleich zur folgenden über! Schwelgen Sie vor allem nicht in Gefühlen – es könnten Wunschprojektionen sein.

8.5 Du sagen zu Gott

Nach den vorhergehenden Übungen können Sie nun versuchen, zu Gott Du zu sagen. Arbeiten Sie vorher Übung 8.4 des 2. Kursbandes noch einmal durch.

Übungsanleitung

– Lassen Sie sich zu Beginn der Übung genügend Zeit, Gott so gegenwärtig wie möglich werden zu lassen.
– Sagen Sie dann »Du« zu ihm – genau wie in Übung 8.4 des 2. Kursbandes.
– Achten Sie auf das, was dieses »Du« in Ihnen hervorruft oder verändert.

Abschluß

Ist Ihnen das »Du« zu Gott leicht? allzuleicht? nur sehr schwer? von Herzen gegangen; war es neu für Sie oder altvertraut?

Wiederholen Sie diese Übung öfters, vielleicht in Abständen, und sehen Sie zu, ob sich dabei in Ihrem Gottesverhältnis und an Ihrem Gottesbild etwas verändert.

Wenn die Übung für Sie neu und doch leicht war, dann versuchen Sie, nun auch im Alltag zu Gott öfters »Du« zu sagen.

Irgendwann, eines Tages, geschieht es, daß wir uns in Gott verlieben. Wir waren einander begegnet, hatten etwas miteinander geteilt. Von der Liebe Gottes gepackt zu werden ist nicht viel anders, als sich in eine Frau oder einen Mann zu verlieben. Man sieht sich, vielleicht an einem ganz unmöglichen Ort, anläßlich einer ganz belanglosen Begebenheit oder aus unvermutetem, nichtigen Anlaß – und plötzlich weiß man, daß man sich wiedersehen will. Etwas wird dir kostbar und unermeßlich wichtig, und du willst es nicht mehr verlieren. Du redest mit Gott und spürst, wie seine Antwort in dir beglückend Raum gewinnt. In einem menschlichen Antlitz taucht er vor deinen Augen auf und sieht dich unverwandt an. Es fällt dir leicht, seinem Blick zu begegnen.

Johannes Thiele

8.6 Gottes Du am Grunde des Ich

1. Die letzten drei Übungen dieser Reihe möchten das Du-Verhältnis zu Gott vertiefen, indem sie es zum menschlichen Du-Verhältnis in Beziehung setzen. Schon bei Übung 8.4 haben wir gesagt, daß wir an einem menschlichen Verhältnis ablesen, was Gottes Verhältnis zu uns ist. Jetzt schürfen wir tiefer: vielleicht gründet jedes menschliche Ich-Du-Verhältnis im Verhältnis Gottes zu uns. Einen Weg in diese Richtung haben uns die Übungen der 3. und 4. Reihe gewiesen.

Wir nehmen in diesen Übungen Einsichten aus Übung 8.5, 8.6 und 8.7 des 2. Kursbandes wieder auf, knüpfen an ihnen an und vertiefen sie. Es ist gut, daß Sie sich diese Übungen vor den nun folgenden vergegenwärtigen.

2. »Du« (menschlich) stehst in eigenartiger Nähe und Ferne zu mir, bist mir vertraut und fremd, ja ein unauslotbares Geheimnis. Aber im Grunde bin ich mir selber ebenso fremd; ich vermag mich nicht zu durchschauen. Von außen her

bedingt, beschränkt und ermöglicht das menschliche Du mein Ich-sein (Übung 8.5 des zweiten Kursteils). Sollte ich meine innere Grenze und Ermöglichung aus dem göttlichen Du haben?

3. Zur Antwort kann ein einfacher Blick nach innen nicht genügen; es geht ja eben um das Undurchschaubare. Deshalb schlagen wir Ihnen für die nun folgende Übung zwei Schritte vor:

In einem ersten Teil legen wir Ihnen zwei Texte vor, Einsichten aus jahrelanger (christlicher) Meditation. Lassen Sie sich auf diese Texte ein.

Im zweiten Teil sollen Sie zusehen, ob sich im Licht dieser Texte das Dunkel in Ihrem Inneren erhellt.

In der abschließenden Stille können Sie zu Gott erneut und vertieft »Du« sagen.

Vorbereitung

– Lesen Sie zur Vorbereitung die beiden folgenden Texte mehrmals aufmerksam durch.

Wo nur warest Du mir damals und wie weit von mir? Und weit von Dir in der Fremde ging ich...

   Du aber warst noch innerer als mein Innerstes und höher noch als mein Höchstes.

Augustinus, *Bekenntnisse*, III, 6

Vielleicht genügt Ihnen dieser einfache Text. Versuchen Sie schon bei der Vorbereitung, einmal ganz in sich hineinzuschauen (ohne daß Sie eine »Gewissenserforschung« machen, d.h. ohne auf einzelne Stimmungen oder Erinnerungen zu achten!). Wieviel vermögen Sie da von sich zu sehen, wieviel bleibt Ihnen selbst undurchdringlich, unverständlich, ja unerkennbar: ein »Geheimnis«?

   Wenn Sie wollen, können Sie sich dieses Geheimnis von unserem zweiten, moderneren und komplizierteren Text ausdeuten lassen:

Das ›Eine Notwendige‹ bekommt für uns nur Sinn, weil wir uns selbst nicht gleichzukommen vermögen. Um die Gleichung unseres willentlichen Tuns zu finden, müssen wir bis in jene Tiefen hinableuchten, wo das Unsere aufhört, unser zu sein. Wie sich eines Blickes Klarheit im Spiegel eines anderen klaren Blickes enthüllt, so erkennt sich die Seele erst im Licht jenes anderen Lebens, das ihrem eigenen Leben innewohnt. Auf dem Grund meiner Seele liegt ein Ich, daß ich nicht mehr bin; es spiegelt mir mein eigenes Bild. Ich kann mich selbst nur in Ihm erblicken; sein unerforschliches Geheimnis ist wie die dunkle Silberschicht, die den Lichtstrahl in mich zurückwirft. Aber wenn es auch mehr als ich in mir ist, so ist es doch ebensowenig ich als ich es bin. Ich kann mir selbst nicht gleichkommen, weil ich Ihm nicht gleichkommen kann. So ist Es nicht bloß die dunkle Rückansicht meines Denkens, die unsichtbare Kehrseite meines Bewußtseins und meines Tuns – als könnte ich es nur in mir sehen, als wäre Es nichts als die Vorstellung, die ich von Ihm habe. Ich muß Es nur annehmen, weil ich anerkennen muß, daß mir auch in meinem tatsächlichen Tun immer noch etwas abgeht: die vollendete Einheit von Wirklichkeit und Ideal, von Können und Einsicht, von Sein und Vollkommenheit.

M. Blondel

Übungsanleitung

– Nachdem Sie zur Meditation still geworden sind, lassen Sie das, was Ihnen diese Texte bei der Vorbereitung gesagt haben, in sich aufsteigen; »kosten Sie es aus«. Versuchen Sie jetzt, in der Meditation, noch tiefer in sich hinabzuschauen, um auf das »Geheimnis« zu stoßen.

– Schauen Sie im Licht dieser Erfahrung auf Ihre früheren Meditationserfahrungen zurück.

– Würden Sie es wagen, dem Geheimnis in Ihnen »Gott« zu sagen?

– Beschließen Sie die Meditation in der Stille des Du-Sagens zu Gott.

Abschluß

Vielleicht erschrecken Sie, daß »Gott« Ihnen so nahe sein soll; vielleicht weisen Sie den Gedanken als unmöglich oder verstiegen zurück. Verschließen Sie sich ihm nicht; er hat eine große und gute Tradition hinter sich. Kommen Sie vielmehr gelegentlich, beim Weitermeditieren, auf diesen Gedanken zurück.

Wenn die hier vorgelegte Einsicht in Ihnen Fuß faßt, werden Sie größere Ehrfurcht vor sich selbst bekommen. Was bedeutet das für Ihr Alltagsleben?

Der vorgelegte Gedanke hat nichts mit einem Über-Ich oder Ähnlichem zu tun. Gott steht nicht als Richter und Rächer am Grunde Ihres Ich – er gibt Ihnen sich selbst zum Geschenk; ihm haben Sie Ihr Sich-selber-sein-können zu verdanken.

Zur Nacharbeit

Mit der vorgelegten Übung haben wir die Meditation »Gott am Grunde von mir« nur eben angerissen. Sie können sie auf vielerlei Weise vertiefen und weiterführen, indem Sie früher schon Meditiertes in diese neue Perspektive hineinstellen. Gott finden Sie im Atem, der Ihnen Leben schenkt; in der Erde, die Sie trägt; im Licht, das Ihr Leben heil macht: im inneren Durchleuchtet-Sein von diesem Licht.

Ein paar Texte aus der Bibel können Sie zu solchen Meditationen anregen:

Gott ist nicht darauf angewiesen, von den Menschen versorgt zu werden; denn er selbst gibt ihnen das Leben, den Atem und alles, was sie zum Leben brauchen… In ihm leben wir, regen wir uns [auch geistig-seelisch!] und sind wir.

Apostelgeschichte 17, 25.28

Immer wieder muß ich es mir sagen:
Wende dich Gott zu,
dann findest du Ruhe!
Er allein gibt mir Hoffnung,
er ist der Fels und die Burg,
wo ich in Sicherheit bin;
darum werde ich nicht wanken.
Gott ist mein Retter, er schützt meine Ehre;
mein starker Fels, meine Zuflucht ist er!

Psalm 62, 6-8

Das Auge vermittelt dem Menschen das Licht. Ist das Auge klar, steht der ganze Mensch im Licht; ist es getrübt, steht der ganze Mensch im Dunkeln. Nur gib acht, daß dein inneres Auge – dein Herz – nicht blind wird! Wenn der ganze Mensch im Licht steht und nichts mehr an ihm dunkel ist, dann ist er so hell, wie wenn das Licht der Lampe direkt auf ihn fällt.

Lukas 11, 34- 36

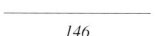

Herr, du durchschaust mich,
du kennst mich durch und durch.
Ob ich sitze oder stehe, du weißt es,
du kennst meine Pläne von ferne.
Ob ich tätig bin oder ausruhe, du siehst mich;
jeder Schritt, den ich mache, ist dir bekannt.
Noch ehe ein Wort mir auf die Zunge kommt,
hast du, Herr, es schon gehört.
Von allen Seiten umgibst du mich,
ich bin ganz in deiner Hand.
Daß du mich so vollständig kennst,
das übersteigt meinen Verstand;
es ist mir zu hoch, ich kann es nicht fassen.
Wohin kann ich gehen, um dir zu entrinnen,
wohin fliehen, damit du mich nicht siehst?
Steige ich hinauf in den Himmel, – du bist da.
Verstecke ich mich in der Totenwelt, – dort bist du auch.
Fliege ich dorthin, wo die Sonne aufgeht,
oder zum Ende des Meeres, wo sie versinkt:
auch dort wird deine Hand nach mir greifen,
auch dort läßt du mich nicht los.
Sage ich: »Finsternis soll mich bedecken,
rings um mich werde es Nacht« –
Für dich ist auch die Finsternis nicht dunkel,
und die Nacht ist so hell wie der Tag.
Du hast mich geschaffen mit Leib und Geist,
Mich zusammengefügt im Schoß meiner Mutter.
Dafür danke ich dir,
es erfüllt mich mit Ehrfurcht.
An mir selber erkenne ich:
alle deine Taten sind Wunder!
Ich war dir nicht verborgen,
als ich im Dunkeln Gestalt annahm,
tief unten im Mutterschoß der Erde.

Du sahst mich schon fertig,
als ich noch ungeformt war.
Im voraus hast du alles aufgeschrieben;
jeder meiner Tage war schon vorgezeichnet,
noch ehe der erste begann.
Wie rätselhaft sind mir deine Gedanken, Gott,
und wie unermeßlich ist ihre Fülle!
Sie sind zahlreicher als Sand am Meer.
Nächtelang denke ich über dich nach
und komme an kein Ende.

Psalm 39, 1-18

Bevor Sie jedoch an diesen Meditationen weiterarbeiten, sollten Sie bald einmal auch die zwei folgenden Übungen vornehmen.

8.7 Du als Geschenk Gottes

Die Anwesenheit Gottes am Grund von mir selbst scheint mir zunächst befremdend. Wenn ich jedoch daran denke, daß er in gleicher Weise auch an Deinem Grund gegenwärtig ist, dann beginne ich vielleicht zu verstehen, warum Du für mich ein unauslotbares Geheimnis bleibst und bleiben mußt, aber auch eine unerschöpfliche Quelle von Reichtum, Schmerz und Freude. In diesem Geheimnis begegnet mir der geheimnisvolle Gott.

In dieser Übung laden wir Sie deshalb ein so auf Ihr Du zu blicken, daß Sie sehen, wie dieses zugleich Undurchdringliche und Beglückende Ihnen von Gott her geschenkt wird. Leichter als in sich selbst können Sie im Du etwas von der Gegenwart Gottes erahnen.

Wählen Sie für diese Meditation zunächst jenes Du, über das Sie am leichtesten und am tiefsten meditieren konnten.

Übungsanleitung

– Lassen Sie in der Stille dieses Du vor Ihnen ganz lebendig gegenwärtig werden. Sagen Sie »Du« zu ihm.

– Achten Sie darauf, wie dieses Du Sie zugleich anzieht und sich Ihnen entzieht, wie es sich Ihnen schenkt und doch unantastbar bleibt.

– Danken Sie Gott für das Geschenk des Du. Lassen Sie im Du zum Menschen das Du zu Gott durchtönen.

– Beenden Sie die Meditation in stillem Staunen über das Wunder des Du.

Abschluß

1. Es schadet nichts, wenn Ihnen in der Meditation menschliches und göttliches Du ineinanderfließen. Die Alltagserfahrung wird sie bald wieder auseinanderhalten. Aber nur am menschlichen Du können wir wirklich erfahren, wer Gott ist.

2. Versuchen Sie die Übung zu wiederholen mit anderen Du, die Ihnen ferner stehen, vielleicht sogar mit solchen, bei denen Ihnen das Unverständliche des Du recht drastisch vor Augen tritt.

3. Wiederholen Sie in dieser Sicht auch die Übung 8.4. Schauen Sie das einemal als Kind auf die Mutter (welch unfaßbares, bergendes Geheimnis!), das andremal als Mutter auf das Kind (auch das Kind bleibt für die Mutter ein Geheimnis, beseligend und manchmal belastend).

4. Sie können sich durch die folgenden Bibeltexte zur Meditation anregen lassen:

[Christus spricht im Namen Gottes:]

Was Ihr für einen meiner geringsten Brüder getan habt, das habt ihr für mich getan

Matthäus 25, 40

Wer ein solches Kind um meinetwillen aufnimmt, der nimmt mich auf; wer aber mich aufnimmt, der nimmt nicht nur mich auf, sondern den, der mich gesandt hat
Markus 9, 37

[Gott selbst spricht zu seinem Volk:]

Ich habe nie aufgehört, dich zu lieben. Ich bin dir treu wie am ersten Tag.

Jeremia 31, 3

Für eine kleine Weile habe ich dich verlassen, aber weil ich dich von Herzen liebe, habe ich dich wieder heim… Nun will ich dir für immer gut sein. Das sage ich, der Herr, der dich befreit

Jesaja 54, 7-8

150

8.8 Gott zwischen mir und dir

Sie haben in der 1. und 2. Übungsreihe dieses Kursteils bereits die »Mitte« meditativ entdeckt, die Sie mit Baum, Rose, Berg…, ja mit der ganzen Natur verbinden. In der 3. und 4. Übungsreihe sollten Sie dieser »Mitte« oder »dritten Kraft« in zwischenmenschlichen Begegnungen nachspüren. Wir hoffen, daß Ihnen das gelungen ist. Jetzt geht es darum, dieser »Mitte« einen Namen zu geben. Was verbindet mich und dich wirklich und am tiefsten? Wir atmen die gemeinsame Luft; wir schauen das gemeinsame Licht, wir sehen *einander in* diesem gemeinsamen Licht; wir sind miteinander (und mit allen Lebewesen) solidarisch in der gemeinsamen Teilhabe am Leben – aber das ist alles noch nicht das Tiefste, was uns zusammenhält und für einander dasein läßt.

Wählen Sie für diese Übung das Du, mit dem Sie am besten meditieren können.

Übungsanleitung

– Lassen Sie sich ganz still werden, den innern Blick und die Aufmerksamkeit auf Ihr Du gerichtet. Atmen Sie zusammen mit ihm.

– Er-innern Sie sich, wie Gott am Grunde des Du lebt, wie er es Ihnen schenkt; er-innern Sie sich dann, ohne das Du aus dem Blick zu lassen, wie er auch am Grund vor Ihnen lebt, wie er Sie Sie selbst sein läßt.

– Lassen Sie Ihren inneren Blick hinüber und herüber gleiten; sehen und erspüren Sie, wie Sie beide aus dem gleichen Gott leben. Ihm ist es zu danken, daß Sie sich begegnen und einander nahesein können.

– Sehen Sie alles, was Sie mit dem Du gemeinsam haben: Luft, Leben, Licht, Liebe als einen Ausfluß, ein da-Sein von Gott.

– Lassen Sie sich am Schluß in die Stille des reinen da-Seins vor (und in) Gott zurück. Die Stille und die abschließende Verneigung können vieles ausdrücken: Dank, Ehrfurcht, Anbetung…

Abschluß

1. Wenn Sie das nächste Mal Ihrem Du wirklich begegnen, erinnern Sie sich vielleicht daran, daß Gott Ihre Mitte ist.

2. In Wiederholungen können Sie diese Übung auch auf andere Du ausdehnen – ja auf die ganze Welt.

3. Was hat Ihnen diese Übung gesagt? Schreiben Sie es hier auf:

W*er nicht liebt,*
kennt Gott nicht,
denn Gott ist Liebe.
Wenn einer behauptet:
»Ich liebe Gott«,
und dabei seinen Bruder haßt,
dann lügt er.
Wenn er seinen Bruder,
den er sieht,
nicht liebt,
dann kann er Gott,
den er nicht sieht,
erst recht nicht lieben.

1. Johannesbrief 4,8.19-20

9. Übungsreihe

Zwiesprache mit Gott
Zur Antwort finden

Einleitung

Die Übungen dieses Bandes haben Sie, so hoffen wir, bereits etwas von Gott entdecken lassen. Vielleicht haben sie Ihnen geholfen, ein eingefrorenes Gottesbild wieder zu lebendigem Wasser werden zu lassen. In dem Maße als Sie das Göttliche, ja den lebendigen Gott, in ihrem Meditieren und in Ihrem Leben gegenwärtig entdecken, beginnt sich in Ihrer Meditation – und damit auch in Ihrem Leben – langsam etwas zu verändern. So still Sie beim Meditieren auch sein mögen, ja je tiefer Sie sich in diese Stille einlassen, sind Sie dabei doch nie allein; immer ist Etwas oder Jemand »da« (wirklich da, nicht bloß in Ihrem Gefühl oder in Ihrer Vorstellung), mit dem Sie oder vor dem Sie meditieren. Ihre Meditation geschieht jetzt mehr und mehr »in der Gegenwart Gottes«.

Da ist es verständlich und naheliegend, daß Sie diese neue Dimension Ihres Meditierens auch ausdrücklich machen wollen; daß Sie versuchen auf diese Gegenwart Gottes zu *antworten*. So entspinnt sich in der Stille und aus der Stille heraus ein neuer Dialog, eine (meist wortlose) Zwiesprache.

Die Übungen dieser Reihe möchten Ihnen helfen, zu dieser inneren Zwiesprache zu finden. Sie legen Ihnen verschiedene Modelle vor, wie sie sich entfalten kann. Die verschiedenen Modelle schließen sich nicht aus; sie ergänzen sich vielmehr, und sie dehnen sich auch mehr und mehr von der Meditation auf das ganze Leben aus. Wir machen Sie so zunächst mit verschiedenen *Ausdrucksweisen* während des Meditationsgeschehens bekannt und weisen dann auf vier mögliche Formen des *Dialogverhaltens* Gott gegenüber hin. In christlicher Sprache müßten wir diese als Gebetsformen bezeichnen. Es ist nicht nötig, daß Sie diese alle durchspielen und einüben; wir bieten sie Ihnen vielmehr als Möglichkeiten zur Auswahl an.

Die Schritte der Meditation

Da Ihnen diese Übungsreihe sozusagen nochmals ein Instrumentarium liefert, sollten Sie bei den Übungen dieser Reihe nicht allzulang verweilen. Greifen Sie aus den Übungen dieser Reihe zunächst einmal jene heraus, die Ihnen besonders zusagen, wobei Sie die eine oder andere auch wiederholen können, um tiefer in sie hineinzukommen.

Wenden Sie dann das Gelernte auf Wiederholungen früherer Übungen an – und vor allem auf die Übungen der nachfolgenden Reihen (auch im Teil II dieses Bandes) – und erweitern Sie gelegentlich Ihr Instrumentarium, indem Sie auf diese Übungsreihe zurückgreifen.

Nehmen Sie sich, bevor Sie an diese Übungsreihe herangehen, etwas Zeit, um Rückschau zu halten. Fragen Sie sich, bei welchen Übungen Sie am ehesten so etwas wie echte religiöse Meditation erlebt haben. Wie könnten und möchten Sie Ihr Erleben ausdrücken? Haben Sie schon den Wunsch nach einer »Antwort« gespürt? Haben Sie vielleicht selbst schon die eine oder andere Ausdrucksform gefunden? Nach welcher Art des Ausdrucks sehnen Sie sich: Stille, Worte, Gebärden?

Wählen Sie je nach der Antwort auf diese Fragen jene Übung dieser Reihe, die Ihnen am meisten zusagt, und beginnen Sie mit ihr. Von ihr aus können Sie dann auch die anderen Übungen und Ausdrucksformen entdecken.

Die Übungen dieser Reihe sind fast inhaltslose Meditationen, wo nicht viel »geschieht«. Sie sind sozusagen nichts anderes als modulierte Stille. Das Stillwerden ist deshalb hier besonders wichtig. Nehmen Sie sich dafür genügend Zeit, indem Sie auf Ihren Atem achten.

Da es sich um Antworten an Gott handelt, müssen Sie sich als zweites zu Beginn jeder Übung möglichst tief in die Gegen-wart Gottes hineinmeditieren. Wiederholen Sie zu diesem Zweck jeweils eine jener Übungen der beiden vorstehenden Reihen, die Sie am meisten als religiöse Meditation erlebt haben.

Dann verhalten Sie sich entsprechend den jeweiligen Übungsimpulsen.

Versuchen Sie dabei, nie aus der Stille herauszufallen, und schließen Sie die Übung in reiner Stille ab.

9.1 Liebende Aufmerksamkeit

Das ist eine ganz einfache Übung; doch ist sie vielleicht gerade deswegen für Sie recht schwierig. Wenn sie Ihnen nicht auf Anhieb gelingt, gehen Sie zur nächsten Übung weiter.

Übungsanleitung

– Werden Sie ganz still.
– Vergegenwärtigen Sie sich durch Wiederholung einer früheren Übung möglichst lebendig: Gott ist »da«; ich bin »da« bei ihm, vor ihm, in ihm.
– Aktivieren Sie, durch bewußteres Atmen, das Bewußtsein dieser Gegenwart, wenden Sie ihr Ihre ganze Aufmerksamkeit immer wieder neu zu.
– Es mag Ihnen helfen, wenn Sie sich von Zeit zu Zeit innerlich sagen: »Ich bin da – bei Dir« – »Du bist da – bei mir«.
– Fassen Sie Ihr Bemühen um wache Aufmerksamkeit als eine Huldigung an Gott auf, als Ihre erste Antwort auf sein Da-Sein.
– Schließen Sie mit einem stillen, innerlichen Wort an Gott, vielleicht einfach: »Gott« oder »Du« oder »Ja«…

Abschluß

1. Die Übungen dieser Reihen brauchen keine andere Nacharbeit, als daß Sie sich bemühen, das Erfahrene und Gelernte auch in anderen Übungen und (vor allem) im Alltag anzuwenden.

Wenden Sie, wenn es Ihnen möglich ist, während des Tages Ihre Aufmerksamkeit einmal auf »Gott«.

2. Sie können zur Vertiefung einmal über das folgende Offenbarungswort nachsinnen:

[Gott spricht:] *Merkt auf: Ich stehe vor der Tür und klopfe an. Wenn jemand meine Stimme hört und öffnet, werde ich bei ihm einkehren. Ich werde mit ihm essen und er mit mir.*

Offenbarung 3, 20

155

9.2 Der Gestus

Mit Gesten können wir vielerlei ausdrücken. Wir können mit den Armen herumfuchteln, um einem fernen Freund Zeichen zu geben. Weil Gott jedoch so nahe und so einfach ist, eignen sich zur Antwort für ihn nur ganz einfache Gesten, wie etwa die offenen Hände (vgl. Übung 2.2 im 1. Kursteil) oder die erhobenen Arme.

Übungsanleitung

– Lassen Sie sich in die Stille ein und in die Gegenwart Gottes.
– Lassen Sie den Wunsch aufkommen, ihm zu antworten, ihm ein Zeichen zu geben.
– Führen Sie dann den Zeichengestus ganz langsam und aufmerksam aus: öffnen Sie langsam Ihre auf den Knien liegenden Hände, führen Sie die Arme (mit offenen Händen!) langsam bis auf Brusthöhe, oder verneigen Sie sich ganz langsam so tief Sie wollen und können.
– Verharren Sie eine Weile in diesem Gestus, indem Sie auf Gott achten, wie er »da« ist.
– Kehren Sie dann wieder langsam in Ihre Ausgangsstellung zurück und schließen Sie in der Stille ab.

Abschluß

Was hat Ihnen der ausgeführte Gestus gesagt? Schreiben oder zeichnen Sie es hier auf:

9.3 Der Laut

Laute sind artikulierter Atem. Wie das Ausatmen Antwort auf das Geschenk des Atems ist, so sind die Laute von ihrem Wesen her Antwort. Sie kommen aus dem Innern und drücken aus, wie ich auf den oder das reagiere, was mir begegnet.

Schon der einfachste Vokallaut, »ah«, »oh«, kann z.B. Bewunderung, Stöhnen unter einer inneren Last, Bitte, ja Hilfeschrei, Sehnsucht und Dank ausdrücken.

Diese Übung lädt Sie ein, Ihre Begegnung mit Gott »verlauten« zu lassen.

Damit Sie nicht durch die Rücksicht auf »Zuhörer« gehemmt werden, ist es gut wenn Sie diese Übung an einem Ort oder zu einer Zeit machen, wo keiner Sie hört.

Übungsanleitung

– Lassen Sie sich tief in die Stille ein und lassen Sie Ihren Atem ruhig fließen.
– Wiederholen Sie jene Übung aus den vorhergehenden Reihen, die Sie aus irgend einem Grund am meisten beeindruckt hat.
– Gehen Sie ganz in diesen »Eindruck« ein, lassen Sie Ihren Atem ruhig fließen.
– Öffnen Sie leicht Ihren Mund (wie wenn Sie zum Reden ansetzen möchten), lassen Sie den Atem durch den Mund ausfließen und lassen Sie es zu, daß ein Laut Ihrer Beeindruckung Ausdruck gibt.
– Es ist richtig, daß Sie nichts forcieren, damit der Laut gleichsam »von selbst« kommt. Legen Sie jedoch alles, was Sie fühlen, in ihn hinein.
– Schließen Sie ab, indem Sie wieder ganz still werden.

Abschluß

Von hier aus führen viele Meditationswege weiter, vom Gebetsseufzer zum meditativen Singen, zum Jubilus, ja bis zum sogenannten »Zungenreden«.

Vorerst aber halten Sie hier einmal schriftlich fest, wie Sie dieses sich-verlauten-ten-Lassen(-Dürfen) erlebt haben:

Mit Bergen und mit Steinen ruf ich Herr nach dir
Mit den Morgenvögeln ruf ich Herr nach dir
Mit dem Grundelfisch und der Sandgazelle
Immer nur als Derwisch ruf ich Herr nach dir
Mit Jesus in den Sphären mit Moses auf dem Berg
Mit dem Zepter in der Hand ruf ich Herr nach dir
Mit Hiob seinem Leid und Jakob seinen Tränen
Mit dem geliebten Muhammed ruf ich Herr nach dir
Den Lebensnerv verspürend blieb ich dem Leben fern
Barfuß entblößten Hauptes ruf ich Herr nach dir
Yunus' Zunge Taubenzunge Nachtigallenzunge
Als Diener von Liebe bewegt ruf ich Herr nach dir

Yunus Emre

9.4 Das Wort

Im Wort wird der Laut soweit artikuliert, daß er aus-sagt, was ich denke, fühle oder will. So bildet das Wort die Brücke zwischen Mensch und Mensch, wodurch wir einander verstehen und uns nahekommen können. Worte sind unendlich kostbar, aber wir verschleißen sie meistens im Gerede. Ein Wort, das aus der Stille kommt, erhält wieder etwas von seiner ursprünglichen Kostbarkeit.

Übungsanleitung

– Die Übung verläuft zunächst wie die vorhergehende: Stillwerden, Atemfluß, Wiederholen einer »beeindruckenden« Meditation, in diesem Eindruck verharren, ihn lebendig werden lassen.
– Öffnen Sie leicht den Mund und setzen Sie nun wirklich zum Reden an. Artikulieren Sie das Wort, das Ihnen »aus dem Herzen kommt«, das Ihnen »auf der Zunge liegt«: Ja! Bitte! Schön! Danke! usf.

– Überlegen Sie jedoch keinesfalls zuvor, was Sie sagen wollen oder sollen. Wenn Ihnen »nichts kommt«, verharren Sie in Stille.

– Wiederholen Sie Ihr Wort in kurzem oder längerem Abstand einmal, zweimal, dreimal. … Vielleicht ist der Tonfall jetzt ein anderer, die Tonstärke wechselt, wird lauter, wird zum Flüstern.

– Legen Sie in Ihr Wort jedenfalls all das hinein, was Sie fühlen, was Sie »ausdrücken möchten«.

– Schließen Sie die Meditation im Schweigen ab.

Abschluß

1. Wenn Ihnen diese Übung schwer gefallen ist, überlegen Sie sich einmal, wie Liebende füreinander Worte finden und erfinden.

2. Es kommt nicht darauf an, das beste Wort zu finden, originell zu sein, usf. Überdenken Sie einmal den folgenden Text:

Wenn ihr betet, dann leiert nicht endlos Gebetsworte herunter wie die Heiden. Sie meinen, sie könnten bei Gott etwas erreichen, wenn sie besonders viele Worte machen. Ihr sollt es anders halten. Euer Vater weiß, was ihr braucht, bevor ihr bittet.

Matthäus 6, 7-8

3. Halten Sie hier schriftlich fest, wie es Ihnen bei dieser Übung ergangen ist:

9.5 Schweigendes Horchen

Wenn Sie einmal den Gestus, den Laut und das Wort als Ausdruck des Meditationsgeschehens entdeckt haben, bekommt die Stille für Sie einen ganz neuen Sinn. Sie wird zum Schweigen, zum bewußten Verzicht auf den Ausdruck, auf Tätigkeit. Das Wort liegt Ihnen gleichsam auf der Zunge, es artikuliert sich in Ihrem Mund –: Sie halten den Mund geschlossen und sprechen es nicht aus. Die Muskeln spannen sich an zum Gestus –: die Hände bleiben ruhen, wo und wie sie waren.

Dieses »gespannte« Schweigen wird zum Horchen. Nicht nur in Ihnen, um Sie herum verbreitet sich eine Stille, in die Sie hineinhorchen, ob darin wohl ein (lautloses) Wort ertönt. Vielleicht ist die sich ausbreitende Stille selbst dieses Wort. Vielleicht steigt eine Antwort (Gottes) lautlos in Ihnen auf. Vielleicht bleibt es bei Ihrer eigenen Antwort, dem schweigend-horchenden Da-Sein.

Übungsanleitung

– Für diese Übung ist zweifellos größtmögliche Stille nötig.
– Damit sie jedoch nicht zur »leeren« Stille wird, ist es ebenso nötig, daß Sie eine Gegenwartsmeditation wiederholen, bis eine Antwort in Ihnen aufzusteigen beginnt.
– Geben Sie dieser Antwort keinen Ausdruck, verharren Sie im Schweigen und lassen Sie die Stille um Sie herum noch tiefer werden.
– »Hören« Sie diese Stille und horchen Sie in sie hinein. Bleiben Sie dabei ganz gelassen; warten Sie nicht auf eine Antwort und erwarten Sie keine. (Falls eine Antwort kommt, werden Sie's schon merken!).
– Bei dieser Übung ist es gut, wenn Sie sie mit irgend einem Ausdruck, einem Wort oder einer Geste, abschließen.

Abschluß

1. Wenn Ihnen diese Übung Mühe macht, forcieren Sie nichts. Nehmen Sie sie einfach ein paar Wochen oder Monate später wieder vor.
2. Überdenken Sie einmal das Wort aus dem biblischen Liebeslied (5,2):
Ich schlief, doch mein Herz war wach.

3. Halten Sie kurz schriftlich fest, wie es Ihnen bei dieser Übung ergangen ist:

Formen des Dialogverhaltens

In jedem menschlichen dialogalen Verhältnis gibt es gewisse Grundeinstellungen, negativer oder positiver Art, die unser Verhalten bestimmen. Die negativen Einstellungen: Ablehnung, Gleichgültigkeit, Konkurrenzkampf, die zu Streit, Auseinandersetzung, Zwist oder zu Kommunikationsabbruch führen, interessieren uns hier nicht. Sie geben keinen Meditationsstoff ab und können meditativ auch nicht eingeübt werden. Wenn Sie sich von solchen negativen Einstellungen Gott gegenüber gehemmt oder blockiert fühlen, sollten Sie das in der Einleitung zu diesem Kursteil (S. 14f.) über die Stille Gesagte noch einmal durchlesen, und gleich zu den nachfolgenden »Anregungen« übergehen, um sich mit der Hijob-Geschichte (Nr. 9) auseinanderzusetzen.

Hier geht es uns darum, vier Formen des Dialogverhaltens zu Gott einübend vorzustellen, die auf einer positiven Einstellung zu ihm beruhen: Vertrauen, Hoffnung, Erwartung… Diese Einstellungen können Sie in der nachfolgenden Übungsreihe weiter vertiefen. Vorwegnehmend aber möchten wir Ihnen die Formen des Dialogverhaltens nahebringen, die sich als Antworten aus diesen Einstellungen ergeben. Was Sie bisher meditiert haben, bietet eine genügende Grundlage für diese Verhaltensweisen; ja Sie haben, ohne darauf zu merken, einige von ihnen bereits eingeübt. Für die Zusammenstellung dieser Verhaltensweisen stützen wir uns auf die klassische christliche – und nicht nur christliche – Lehre von den verschiedenen Formen des Gebets.

9.6 Dankbarkeit

Auch wenn wir Sie nicht ausdrücklich darauf aufmerksam gemacht haben, haben Sie wahrscheinlich bei manchen Übungen der vorangegangenen Übungsreihen eine tiefe Dankbarkeit gespürt. Dankbarkeit ist eine der spontansten Reaktionen auf die Eröffnung der religiösen Dimension. Es wird uns da etwas geschenkt, bzw. bewußt gemacht, was unser ganzes Leben trägt und bereichert, und was wir nicht anders als ein Geschenk empfangen und verdanken können. Dankbarkeit im tiefsten Sinn besagt, daß wir uns selbst und unser Dasein andern zu verdanken haben.

Für die nun folgende Übung sollten Sie eine Übung aus den genannten fünf Reihen wiederholen, wo Sie ganz spontan eine gewisse, vielleicht große Dankbarkeit empfunden haben. Wählen Sie diese Übung als Vorbereitung aus, und lesen Sie sie nochmals durch.

Übungsanleitung

– Lassen Sie sich wieder ganz still werden und achten Sie auf Ihren Atem (er ist auch ein Geschenk!)
– Wiederholen Sie die ausgewählte Übung, indem Sie besonders auf die Punkte achten, die Sie zur Dankbarkeit bewegen.
– Lassen Sie die Dankbarkeit in Ihrem Herzen Platz greifen; verstehen Sie bewußt das Ausatmen als einen Gestus der Dankbarkeit.
– Bringen Sie Ihre Dankbarkeit mit einem Gestus oder einem Wort zum Ausdruck, wie in den vorhergehenden Übungen.
– Schließen Sie die Übung in dankbarer Stille ab.

Abschluß

1. Zählen Sie einmal auf, für was Sie alles dankbar sein können und müssen!
   2. Wem oder was schulden Sie dafür Dank?
   3. Erspüren Sie im Alltag die Gelegenheiten, bei denen Sie dankbar sein sollten.

9.7 Bekenntnis

»Bekennen« ist für uns ein ungutes Wort; meistens geht es darum, das Unrecht zu bekennen, das einer angestellt hat. Liebende können sich jedoch auch ihre gegenseitige Liebe bekennen, und ich kann bekennen, d.h. anerkennen, daß mein Freund mehr weiß als ich. In diesem positiven Sinn wollen wir das Bekenntnis hier verstehen.

Genauer gesagt, hat das Bekenntnis als religiöse Antwort immer zwei Seiten: ich bekenne *mich*, d.h. ich gebe mich in meiner (guten und schlechten) Wahrheit kund, und ich bekenne zugleich, *daß Du…* (z.B. meine Mitte bist, oder unendlich liebenswert, usw.). Es ist dieser untrennbare Doppelsinn, der das Bekenntnis zu einem so grundlegenden Dialogverhalten macht.

Das Bekenntnis ist auch deshalb wesenhaft dialogisch, weil ich immer *vor* jemand bekennen muß. Im Bekenntnis bin ich nie allein. Vielleicht gerade dann, wenn ich ganz im Geheimen etwas »vor mir selbst« bekenne, bin ich dem am nächsten, was wir die Mitte oder das göttliche Du genannt haben.

Überlegen Sie sich vor der Übung, zur Vorbereitung, was Sie zu bekennen haben: von sich und von Ihrem geheimnisvollen Gegenüber, Gott. Meistens sind die beiden Bekenntnisse miteinander verknüpft, z.B. meine Schuld und daß ich auf Deine Verzeihung hoffe, meine Freude und daß Du ihre Ursache bist, usf.

Übungsanleitung

– Während Sie still werden und auf Ihren Atem achten, achten Sie auch darauf, wie dieser Atem Ihnen von einem »Andern« her zukommt und wieder zu diesem »Andern« zurückfließt.

– Versuchen Sie, diesen Rückfluß zu einem Bekenntnis zu gestalten, indem Sie zulassen, daß damit Ihre innere Wahrheit nach außen, zum »Andern« hinkommt. Sammeln Sie sich auf jenes Bekenntnis, an das Sie bei der Vorbereitung gedacht haben. »Sprechen Sie es aus« – ohne Worte zu gebrauchen, bloß durch Ihre Aufmerksamkeit.

– Achten Sie in einem zweiten Schritt darauf, wie Ihr Atem eine Antwort ist, wie das Ausatmen auf dem Einatmen beruht. Lassen Sie in diesen rückgehenden Atem das einfließen, was Sie vor »Andern« zu bekennen haben.

– Schließen Sie die Übung mit langem Verweilen in völliger Stille ab.

Abschluß

Es ist gut, wenn Sie gleich nach der Übung Ihr Bekenntnis in Worte formulieren und es aufschreiben. Sie können die Übung an anderen Tagen mit einem anderen Bekenntnis wiederholen.

Vielleicht spüren Sie dabei auch, daß Sie tatsächlich einem menschlichen Du mit ausdrücklichen Worten etwas bekennen müßten.

G*ott*
Schöpfer aller Dinge
Du bist nicht
gut
Du bist nicht
schlecht
Du bist

Du gabst mir
Kraft zu leben
nicht genug
zu leben
ewiglich
Gott

Rose Ausländer

9.8 Bitte

Jede Bitte enthällt ein doppeltes Bekenntnis: meiner Hilfsbedürftigkeit und deiner Fähigkeit, mir zu helfen. Die Bitte faßt beides in eines, in der Schlichtheit der Anrede an Dich. Die Bitte ist so schlicht, daß es viel Mut und Demut braucht, sie auszusprechen. Gerade deswegen ist sie eine der schönsten Formen des Dialogs, die den Angesprochenen am meisten ehrt.

Ganz anders das Betteln. Hier wird das doppelte Bekenntnis verschwiegen, und ich habe nur die Befriedigung meiner Wünsche im Sinn. Die Bitte richtet sich, ehrfürchtig, an Dich; beim Betteln denke ich nur an mich und mache Dich zum Werkzeug meiner Wunschbefriedigung. Gott gegenüber ist die Bitte angebracht, aber nie das Betteln.

Denken Sie zur Vorbereitung der Übung an eine große, dringende Bitte, deren Erfüllung für Sie ein echtes Anliegen ist, die Ihnen jedoch kein Mensch erfüllen kann. In der Übung werden Sie diese Bitte an Gott (oder wie immer Sie den Gegenstand Ihrer bisherigen Meditation benennen wollen) richten.

Übungsanleitung

– Achten Sie beim Stillwerden auf das Ausfließen Ihres Atems.
– Lassen Sie in Ihrem Atem Ihre Bitte zum »Andern«, zu Gott fließen.
– Wenn Sie wollen, können Sie nach einer Weile Ihre Bitte in das Wort »Bitte!« artikulieren.
– Nehmen Sie den Ihnen zufließenden Atem als Verheißung einer Erfüllung dankbar entgegen.
– Schließen Sie die Übung in voller Stille ab.

Abschluß

Wie Sie sehen, ist das eine sehr einfache Übung. Sie können sie wiederholen, so oft Ihnen eine Bitte auf dem Herzen brennt.

9.9 Anbetung

Während Dank, Bekenntnis und Bitte sich an jeden Mitmenschen richten können, gilt die Anbetung nur Gott. Angebetet zu werden, ist sein ausschließliches Vorrecht, sozusagen ein Kennzeichen seines Wesens. Selbst wenn ein Liebender seine Geliebte »anbetet«, bringt er damit zum Ausdruck, daß er in ihr etwas Göttliches findet, dem er eine gleichsam religiöse Verehrung entgegenbringt.

Weil es Anbetung nur für Gott gibt, müssen wir aus der Gottesbegegnung selbst lernen, was Anbetung heißt. Die Anbetung kann nicht vorgeplant werden; die Übung selbst muß Sie sie entdecken lassen. Doch ist es zur Vorbereitung gut, wenn Sie sich vergegenwärtigen, was Sie in den vorhergehenden Übungsreihen von Gott entdeckt haben und welche Übung Sie am meisten entdecken ließ.

Übungsanleitung

– Nehmen Sie sich genügend Zeit, still zu werden, indem Sie auf das Ein- und Ausfließen des Atems achten.
– Lassen Sie vor Ihren Geist vorüberziehen, was Sie von Gott erfahren und entdeckt haben. Wägen Sie es innerlich ab.
– Halten Sie sich bei der Übung auf, die Ihnen am meisten gesagt hat, bei der Ihnen Gott am meisten »aufgegangen« ist.
– Lassen Sie sich dies nochmals aufgehen und versuchen Sie im Schweigen, durch den Atemfluß darauf zu antworten.
– Diese stille, staunende, dankbare, ehrfürchtige Antwort ist Anbetung. Sie können ihr, wenn Sie wollen, durch einen Gestus Ausdruck geben.
– Beenden Sie die Übung in tiefem Schweigen.

Abschluß

Für uns Menschen ist Anbetung eigentlich immer schweigend; Worte der Anbetung gibt es kaum. Sie können jedoch Ihre Erfahrung auch mit dem folgenden Offenbarungstext vergleichen:

Es war in dem Jahr, als König Usija starb. Da sah ich Gott, den Herrn, er saß auf einem sehr hohen Thron. Der Saum seines Mantels füllte den ganzen Tempel. Er war umgeben von mächtigen Engeln. Jeder von ihnen hatte sechs Flügel; mit zweien bedeckte er sein Gesicht, mit zweien den Leib, zwei hatte er zum Fliegen. Die Engel riefen einander zu:

»Heilig, heilig, heilig ist Gott der Herr der Welt,
die ganze Erde bezeugt seine Macht!«

Von ihrem Rufen bebten die Fundamente des Tempels, und das Haus füllte sich mit Rauch. Vor Angst schrie ich auf: »Ich bin verloren! Ich bin schuldig und unwürdig, von Gott zu reden, genauso wie das Volk, in dem ich lebe. Und ich habe den König gesehen, den Herrn der ganzen Welt!«

Da kam einer der mächtigen Engel zu mir geflogen. Er hatte eine glühende Kohle, die er mit der Zange vom Altar genommen hatte. Damit berührte er meinen Mund und sagte: »Die Glut hat deine Lippen berührt. Jetzt bist du von deiner Schuld befreit, deine Sünde ist dir vergeben«.

Dann hörte ich, wie der Herr sagte: »Wen soll ich senden? Wer ist bereit, unser Bote zu sein?« Ich antwortete: »Ich bin bereit, sende mich!

Jesaja 6, 1-8

10. Übungsreihe

Leben mit Gott
Alttestamentliche Lebensgeschichten

Die Meditation biblischer Gotteserfahrungen (Reihe 7) hat uns dazu geführt, Gott als Du anzusprechen (Reihen 8-9). Mit einem Du hat man eine Geschichte, in der zwei Handelnde aufeinanderstoßen.

Das gilt zunächst vom menschlichen Du. Sie können sich zwar im Tagtraum Wunschgeschichten mit Ihrem Du vorphantasieren; doch das ist ziemlich müßig und führt zu Enttäuschungen. Entscheidend ist die wirkliche Geschichte der wirklichen Reaktionen Ihres Du; daraus können Sie lernen, daß Ihr Du immer anders, reicher oder ärmer, jedenfalls aber »wirklicher« ist, als Sie es erträumen.

Das gleiche gilt auch von Gott. Die eigentlichen Gotteserfahrungen sind nicht einzelne außerordentliche Gottesereignisse, sondern lebenslange »Geschichten mit Gott«. Von solchen Geschichten berichtet die Bibel, und wenn Sie die biblische Gotteserfahrung vertiefen wollen, müssen Sie die Lebensgeschichten der biblischen Gestalten meditieren.

Dazu brauchen Sie vor allem eine vollständige Bibelausgabe. Wir würden Ihnen jene Übersetzung empfehlen, die wir in diesem Kurs zitieren, weil sie sprachlich leicht zugänglich ist: »Die Bibel im heutigen Deutsch. Die Gute Nachricht des Alten und Neuen Testaments« (Verlag Deutsche Bibelgesellschaft, Stuttgart). Sie können sich aber auch die »Einheitsübersetzung« (Herder-Verlag) anschaffen, die sich ebenfalls gut liest und für wenig Geld zu haben ist. Ausführliche Erklärungen und Verweise auf Paralleltexte finden Sie in der sogenannten »Jerusalemer Bibel« (ebenfalls Herder-Verlag).

Zur Meditation von Lebensgeschichten

1. Geschichten zu meditieren ist nicht ganz leicht, Lebensgeschichten schon gar nicht. Sie müssen sie zur Meditation in einzelne Episoden aufteilen. Zuvor aber sollten Sie sich die Zeit nehmen, einmal in Ruhe die ganze Lebensgeschichte im Zusammenhang durchzulesen, um sich ein Bild von dieser Geschichte und von der betreffenden Persönlichkeit zu machen. Dabei werden Sie entdecken, daß die biblischen Gestalten in der Regel keine »Heiligen« oder »religiöse Genies« waren; sie hatten oft einen schlechten Charakter und waren genauso mit Fehlern beladen wie wir alle. Doch Gott hat einmal oder öfter energisch in ihre Lebensgeschichte eingegriffen, und sie waren bereit – manchmal nur mit Widerstreben und im Widerstreit – diese Geschichte mit Gott mitzuspielen. So haben sie Gott in ihrem Leben »erfahren«.

Stoßen Sie sich nicht daran, wenn in den biblischen Geschichten das Eingreifen Gottes oft überdeutlich herausgestellt wird. Diese Darstellung ist Ergebnis einer Meditation und will Ihnen beim Meditieren behilflich sein. Es ging dem Schriftsteller darum, seinen Lesern (und damit auch Ihnen) deutlich zu machen, was der unmittelbar Betroffene vielleicht gar nicht so deutlich erlebt oder erst viel später, in meditativer Erinnerung, als Eingreifen Gottes erkannt hat. (Wiederholungen in den Lebensgeschichten sind oft daraus zu erklären, daß der biblische Erzähler zwei verschiedene Überlieferungen ineinander verwoben hat).

2. Wenn Sie die Geschichte gelesen haben, halten Sie einige Episoden fest, die Ihnen aufgefallen sind und wichtig scheinen. Meditieren Sie diese dann in der Reihenfolge der Geschichte. (Einige Beispiele dafür geben wir Ihnen im folgenden).

Verfahren Sie zur Meditation ähnlich wie in der 5. unf 6. Übungsreihe: Stellen Sie sich die Hauptperson in *dieser* bestimmten Situation vor; versuchen Sie, sich mit ihr zu identifizieren und so die Geschichte gleichsam »von innen« mitzuerleben. Spüren Sie, wie das Geschehen jedoch nicht »von innen heraus« kommt; wie Unvorhergesehenes geschieht, wie da offensichtlich »ein Anderer« handelnd eingreift. So können Sie gleichsam im Spiegelbild des handelnden Menschen das Eingreifen Gottes erfahren.

Versuchen Sie, all das in größter Stille mitzuerleben. Lassen Sie Ihre Phantasie nur soweit spielen, als sie Ihnen hilft, bei der Geschichte »dabei« zu sein.

---

3. Wenden Sie dann jedenfalls den Blick auf sich selbst, entweder noch in der gleichen Meditation oder in einer nachfolgenden eigenen Meditation. Stellen Sie nun sich selbst, mit *Ihrer* Lebensgeschichte, in die meditierte Situation; lassen Sie das Geschehen an sich selbst geschehen. So werden Sie nach und nach entdecken können, wo und wie Gott in *Ihrem* Leben handelnd eingreift.

Da Geschichten aus dem Zusammenhang leben, ist es gut, wenn Sie nach der Meditation aller Einzelepisoden in einer oder mehreren »Überblicksmeditationen« (oder »Diskursmeditationen«) die ganze Geschichte in ihrem Zusammenhang wie einen Film vor sich ablaufen lassen. So entdecken Sie vielleicht einen neuen Sinn darin.

4. Als Nacharbeit wird Ihnen die eine oder andere Meditation eine Rückbesinnung auf Ihre eigene Lebenserfahrung aufgeben.

Im folgenden stellen wir Ihnen skizzenhaft einige Gestalten vor, über deren Lebensgeschichte Sie meditieren könnten. Die meisten davon sind wirkliche, einige erdichtete Gestalten. Einige werden Ihnen wenig oder nichts sagen, mit anderen werden Sie sich anfreunden. Nehmen Sie zur Meditation zunächst jene Gestalten, die Ihnen besonders naheliegen.

Biblische Gestalten

10.1 Abraham, der Heimat- und Kinderlose (Genesis 11, 27-25,11)

Abraham war reich und mächtig, aber ein heimatloser Nomade und bis ins hohe Alter kinderlos. Seine Heimatlosigkeit, in Fortführung der Auswanderungspläne seines Vaters aus der Weltstadt Ur, sah Abraham als eine göttliche Führung an (12,1-5). Er erwartete von Gott den Besitz des verheißenen Landes (12,7; 13,14-18; 15,7-21) – eine Verheißung, die erst Generationen nach seinem Tod in Erfüllung gehen sollte. Auch war die Verheißung des Landbesitzes für den Kinderlosen sinnlos (15,1-6; 17,15-18; 18,9-15); bis in sein hundertstes Jahr mußte Abraham warten, bis ihm ein rechtmäßiger Erbe geboren wurde (21,1-7). In dieser aussichtslosen Lage ist es begreiflich, daß Abraham öfters zu Selbsthilfe greift (12,10-20; 20,1-18; Sohn von der Magd: 16,1-4; Landkauf: 23,1-20), aber sie bringt ihm nur

Unannehmlichkeiten (12,17-20; 20,3-18; 16,5-16; 21,9-21); er mußte lernen, allein auf Gott und auf Gottes Verheißung zu vertrauen. In diesem Gottvertrauen wird Abraham zum Fürsprecher für andere und er kann auch mit Gott rechten (18,16-33; 19,27-29). Den größten Vertrauensbeweis erbringt Abraham, als er bereit ist, den von Gott geschenkten Sohn, auf dem die Verheißungen ruhen, selbst wieder zum Opfer zu bringen (22,1-19). Gott gibt ihm zu verstehen, daß er nicht das Opfer will, sondern den Gehorsam.

Zur Meditation empfehlen wir Ihnen: Abrahams Auszug (12,1-9); seine Kinderlosigkeit (15,1-6); Abraham hilft sich selbst (16,1-16); Abraham wird ein Sohn geschenkt (18,1-15; 21,1-8); Abraham rechtet mit Gott (18,16-33); Abrahams Gottesvertrauen (22,1-19).

10.2 Jakob, der Verschlagene (Genesis 25,19-37; 35; 42; 46,1-50,13)

Wenn Abraham zuzeiten zur Selbsthilfe gegriffen hat, gilt das noch mehr von seinem Enkel Jakob. Er übervorteilte seinen Zwillingsbruder (25,27-34; 27,1-40) und seinen Schwiegervater (30,25-43), schaffte sich mit seiner »Geschäftstüchtigkeit« viele Feinde und hinterließ eine zerstrittene Familie. Er mußte lernen, daß Gott der Stärkere ist (32,23-33) und selbst das Böse zum Guten wenden kann: An seinem Lebensende findet er sich nicht mehr im verheißenen Land Kanaan, sondern als angesehener Vater des Vizekönigs in Ägypten.

Die Übungen 7.1 und 7.2 finden hier ihren Rahmen.

10.3 Mose, der Volksführer (Exodus 2,1-19. 25; 32,1-33,23; Numeri 10,11-17,13; 20,1-13; Deuteronomium 32,48-52; 34,1-12)

Die Lebensgeschichte des Mose fällt weitgehend mit der Geschichte seines Volkes zusammen; sie ist deshalb langwierig und nicht leicht zu meditieren. Doch seine Gestalt tritt deutlich genug hervor. Er ist eine echte Führerpersönlichkeit, ein aufbrausender Tatmensch (*Exodus* 2,11-14.17; 32,17-19), der viel Widerspruch herausfordert. Er kennt jedoch auch seine Momente der Schwäche und Angst (*Exodus* 4,10-17; 14,15) und kann sich dann recht leidenschaftlich bei Gott über seine Berufung beklagen (*Exodus* 5,19-22; *Numeri* 11,10-15). Führer sein heißt auch, die Last der Verantwortung tragen. Immer aber hat er Gott auf seiner Seite und kann mit seiner Kraft seinen Auftrag durchführen. Allerdings nicht bis zum Ende; vor Vollendung seines Befreiungswerks läßt ihn Gott sterben (*Deuteronomium* 31,1-32,52; 34,1-8). Nach seinem Tod wird Mose vergessen; sein Name taucht in der Bibel kaum mehr auf, und seine Taten werden Gott selbst zugeschrieben.

Zur Meditation schlagen wir Ihnen vor: Mose sorgt selbst für Recht (*Exodus* 2,11-17); Mose erhält seinen Auftrag (*Exodus* 3,1-4,17); Mose zwischen dem Pharao und dem Volk (*Exodus* 5,1-23); das Volk zwischen Pharao und dem Meer (*Exodus* 14,5-18); Mose als Fürbitter (*Exodus* 17,1- 16); Mose redet mit Gott (*Exodus* 24,12-18; 33,12-23); Mose eifert für Gott (*Exodus* 32,1-35); Mose hadert mit Gott (*Numeri* 11,1-6.10-23); Mose wird von Gott abberufen (*Deuteronomium* 32,48-52; 34,1-8).

10.4 David, der Bärenstarke mit dem zarten Herzen *(1 Samuel 16,1-1 Könige 2,12)*

Von keiner andern Gestalt sind uns in der Bibel so viele menschliche Züge aufgezeichnet wie von David. Seine Lebensgeschichte, kurz nach seinem Tod in ihrer heutigen Form geschrieben, ist weitgehend eine Familiengeschichte seiner Söhne. Sie sollte zum Erweis der rechtmäßigen Thronfolge Salomons dienen. Es ist eine sehr menschliche Geschichte, voll Verrat, Mord, Ehebruch, Blutschande. David ist selbst zum Teil in diese Sündengeschichte verwickelt, teils muß er den Machtkämpfen seiner Söhne hilflos zusehen. Was ihn auszeichnet, ist sein aufrechtes Herz, das trotz allem Gott immer zugetan bleibt, und das sich vor allem in einer erstaunlicher Milde, ja Anhänglichkeit seinen Feinden (Saul, Abner, Absalon) gegenüber zeigt. Sie ist Ausdruck seiner Ehrfurcht vor Gott. Davids Gebete und die ihm zugeschriebenen Psalmen können Ihnen helfen, meditierend in Davids Herz einzudringen.

Beginnen Sie die Meditationen mit Davids Berufung zum König (1 *Samuel* 16,1-13) und seinem Gottvertrauen (1 *Samuel* 17,17-54). Verfolgen Sie seine weitere Geschichte anhand der Psalmen und Gebete, die ihm zugeschrieben werden: 1 *Samuel* 19,11 (*Psalm* 59); 21, 10-15 (*Psalmen* 34 und 56); 22,1 (*Psalm* 57); 22, 6-10 (*Psalm* 52); 23,14-15 (*Psalmen* 63 und 142); 2 *Samuel* 1,1-27; 7,1-29; 8,1- 14 (*Psalm* 60); 11,1-12,23 (*Psalm* 51); 15,1-16 (*Psalm* 3); 22,1-51; 23,1-7; 24,1-25. So können Sie schließlich auch Davids Feindesliebe verstehen: 1 *Samuel* 24,1-23; 26,1-25; 2 *Samuel* 3,22-39; 18,1-19,8; 16,5-14 und 19,17-23. Hinweise zur Meditation der Psalmen finden Sie in der nächsten Übungsreihe.

10.5 Rut, die treue Landesfremde (Buch Rut)

Das kleine Buch Rut ist ein Anhang zur Familiengeschichte Davids. Es erklärt, wie David von einer landes- und religionsfremden Urgroßmutter abstammt. In seiner schlichten Menschlichkeit erschließt es sich leicht der Meditation.

10.6 Elija, der Eiferer
(1 Könige 17,1-19,21; 21,1- 29; 2 Könige 1,1-2,15)

Schon David war vom Propheten Natan zurechtgewiesen worden. Davids Nachfolger fielen vielfach von Gott, dem »Herrn« ab und wandten sich aus Nützlichkeitsgründen den örtlichen Fruchtbarkeitsgöttern (»Baal«) zu. Die Propheten hatten ihnen gegenüber den Anspruch des »Herrn« zu verteidigen. Vom größten der Propheten, Elija, wird uns nur wenig berichtet; doch dieses Wenige zeigt uns seinen glühenden Eifer für Gott und für die Rechte der Schwachen. Die Geschichte seines Jüngers und Nachfolgers Elischa (2 *Könige* 2,1-8,15; 13,14-21) weist stark legendenhafte Züge auf.

Die Episoden für die Meditation bieten sich von selbst an: Elija und die Witwe (1 *Könige* 17,1-16), die Totenerweckung (17,17-24), der Opferwettstreit auf dem Karmel (18,17-40), Elija in der Wüste (19,1-8), Elija auf dem Horeb (19,9-18), die Berufung des Elischa (19,19-21), die Entrückung (2 *Könige* 2,1-14). Diese letzten beiden Meditationen machen Sie am besten aus der Perspektive des Elischa.

10.7 Jeremia, der Verfolgte
(Jeremia 1,1-19; 19,1- 20,6; 26,1-28,17; 36,1-45,5)

Von allen (späteren) Propheten, die uns eigene Schriften hinterlassen haben, kennen wir die Lebensgeschichte des Jeremia am besten. Er hat die nahende Eroberung Jerusalems und die Verschleppung seiner Bewohner anzukünden, wird deswegen von den Machthabern (Priestern und König) verfolgt und vom Volk gehaßt und muß sich mit Lügenpropheten auseinandersetzen. Er bleibt auch nach der Eroberung in Jerusalem, singt seine *Klagelieder*, muß aber schließlich mit Flüchtlingen nach Ägypten ziehen, wo er stirbt.

Wir empfehlen Ihnen, erst die Lebensgeschichte des Propheten zu lesen und dann auf diesem Hintergrund über die Berufung des Jeremia (1,1-19) und über seine Prophetenklagen (11,18-12,6; 15,10-21; 17,12-18; 18,18-23; 20,7-18; 23,9-19) zu meditieren.

10.8 Jona, der Widerspenstige (Jona)

Jona ist eine erdichtete Gestalt, aber sie zeigt überdeutlich eine mögliche Haltung des Propheten: einen Propheten, der seinem Auftrag nicht Folge leisten will. Gott jedoch erweist sich als der Stärkere und läßt auch durch den Widerstrebenden seine Pläne durchführen. Es sind Pläne des Heils und nicht der Verurteilung – was Jona wiederum mißfällt.

Die vier Kapitel des kleinen Buches bieten sich für ebensoviele Meditationen an.

10.9 Ijob, der Leidgeprüfte (Ijob)

Auch dieses Buch ist eine religiöse Dichtung, die das Problem unschuldigen Leidens in extremster Form darstellen will. Die Freunde Ijobs versuchen theologische Erklärungen dafür zu finden, Ijob weist sie alle als unzutreffend zurück – und er wird von Gott darin bestätigt (42,7-9). Was bleibt, sind nur die Klagen Ijobs und seine Gerechtigkeit, während er seine Anklage angesichts der unausdenkbaren Weisheit und Schöpfermacht Gottes zurückziehen muß (38,1-42,6).

Lassen Sie die Reden der Freunde bei der Meditation ganz beiseite. Meditieren Sie nur jene Teile der Reden Ijobs, die Sie sich irgendwie zu eigen machen können, jedenfalls jedoch seine beiden Schlußworte (39,33-35; 42,1-6).

10.10 Judit, die starke Frau (Judit 8,1-16,25)

Auch dieses Buch ist eine Dichtung, die die wunderbare Rettung Israels mit der Idealgestalt einer gottesfürchtigen Witwe verknüpft und zur Meditation vorlegt. Verfolgen Sie Schritt für Schritt, wie sich die ideale jüdische Frau verhält und verweilen Sie besonders bei ihrem Gebet (9,1-14) und ihrem Lobgesang (16,1-17). Auch dabei werden Ihnen die nun folgenden Anweisungen zur Meditation der Psalmen helfen.

Sie haben bei der Beantwortung des ersten Fragebogens dieses Kursteils wahrscheinlich einige Schwierigkeiten gehabt, die gestellten Fragen immer exakt mit Ja und Nein zu beantworten. Das liegt daran, daß die Erfahrungen, um die es hier geht, nur schwer in einem Frageraster erfaßt werden können, – im Gegensatz etwa zu den technischen Anweisungen im ersten Kursteil, die sich leicht überprüfen ließen.

Nehmen Sie die Fragen vor allem als Anregung, sich mit dem angesprochenen Erfahrungsbereich auseinanderzusetzen und, soweit möglich, Klarheit über Ihr eigenes Erfahren zu gewinnen.

Fragen

1. Wie haben Sie emotional auf die Übungen der 7.-10. Reihe reagiert?
   a. Positiv: die Übungen haben mir etwas gegeben – ich habe inneren Frieden gefunden – ich gewann Kraft für den Tag – mein Verhältnis zu Gott ist lebendiger geworden… ❑
   b. Negativ: ich hatte mit einem inneren Widerstand zu kämpfen – die Übungen haben mich unruhig gemacht – ich war gehemmt und blockiert – ich habe meinen früheren, selbstverständlichen Zugang zu Gott verloren… ❑

2. In der 7.-10. Reihe wurden Sie eingeladen, Gott als persönliches Gegenüber zu sehen und anzusprechen. Hat dieses personale Gottesbild Ihre Meditation gefördert oder behindert?
   a. Gefördert. ❑
   b. Behindert. ❑
   c. Es ist mir nicht gelungen, den Bezug zu einem persönlichen Gott zu finden. ❑

3. Sie sind angeleitet worden, Gott mit Du anzusprechen. Ist Ihnen dieses Du leicht oder schwer gefallen?
   A Leicht.
      a. Es war mir altvertraut. ❑
      b. Es war für mich eine neue, beglückende Erfahrung. ❑
   B Schwer.
      a. Ich finde das Du für Gott unpassend. ❑

b. Ich möchte nicht in ein so persönliches Verhältnis zu Gott kommen. ❑

c. Von früheren Erfahrungen her mißtraue ich diesem Du. ❑

4. In den Ausdrucks- und Dialogformen der 9. Reihe werden notwendig Gefühle mit-eingesetzt. Hat Sie das in der meditativen Stille behindert? Oder konnten Sie auch im Gefühl eine tiefe Stille erfahren?

a. Die Ausdrucksformen haben meine Meditation behindert. ❑

b. Die Ausdrucksformen haben meine Meditation vertieft. ❑

5. Haben Sie einige der vorgeschlagenen Übungen über biblische Gestalten gemacht? Wenn nein, warum nicht:

a. Die Bibel sagt mir nichts. ❑

b. Ich hatte genug mit den andern Übungen zu tun. ❑

c. Die Meditation von Geschichten fällt mir schwer. ❑

6. Sie beschäftigen sich nun seit längerer Zeit mit der religiösen Meditation. Unabhängig davon, ob Sie diese im einzelnen als geglückt oder weniger geglückt einschätzen, werden diese Meditationen Ihr Leben beeinflußt haben. Wie schätzen Sie diesen Einfluß ein?

a. Es hat sich überhaupt nichts verändert. ❑

b. Mein Leben hat durch diese Meditationen etwas gewonnen. ❑

c. Es sind große Probleme aufgebrochen. ❑

Ein Meister spricht:
Alle Dinge haben ein ›Warum‹,
aber Gott hat kein ›Warum‹.
Und der Mensch,
der Gott um etwas anderes bittet
als um Gott selbst,
der macht Gott zu einem
›Warum und Wozu‹.

Meister Eckehart

Fragen und Antworten

1. Wie haben Sie emotional auf die Übungen der 7.-10. Reihe reagiert?
    a. Positiv

  Falls Sie jedoch einmal eine Zeit durchmachen, in denen sich Ihnen diese positiven Reaktionen entziehen, bedeutet das noch nicht, daß in Ihrem Meditieren und in Ihrem Gottesverhältnis etwas falsch läuft.

b. Negativ

 Wenn Sie gegen Widerstände zu kämpfen haben, ist das aller Wahrscheinlichkeit nach ein Signal dafür, daß in Ihrem Gottesverhältnis etwas aufgearbeitet werden muß. Hinweise dafür finden Sie bei den Antworten zu den folgenden Fragen.
Unruhe dagegen kann, braucht aber nicht unbedingt ein negatives Zeichen zu sein. Sie kann entweder ein Mißverhältnis zwischen Ihnen und den religiösen Gehalten anzeigen; sie kann aber auch bedeuten, daß sich in Ihrem Leben und in Ihrem Verhältnis zu Gott etwas zu verändern beginnt. In diesem Sinne kann es auch positiv sein, wenn Ihr bisheriger Zugang zu Gott einer Wachstumskrise unterworfen wird.

2. In der 7.-10. Reihe wurden Sie eingeladen, Gott als persönliches Gegenüber zu sehen und anzusprechen. Hat dieses personale Gottesbild Ihre Meditation gefördert oder behindert?
    a. Gefördert.

b. Behindert.

 Diese Behinderung kann verschiedene Gründe haben. Wir legen Ihnen hier ein paar grundsätzliche Überlegungen vor. Es ist an Ihnen herauszufinden, welche Ihnen weiterhelfen könnten.
Ein personales Gottesbild heißt nicht, daß Ihr Gottesbild mit bestimmten Zügen ausgestattet sein muß; personal meint vor allem kommunikativ, meint einen Gott, der zu Ihnen in Beziehung steht und zu dem Sie in Beziehung stehen können.
Dieser kommunikative Gott ist zugleich ein diskreter Gott. Er tritt nicht störend in Ihr Leben ein – selbst wenn seine Anforderungen Sie gelegentlich aufstören. Die Meditation kann der Einübung des Zutrauens in den persönlichen Gott dienen.
Die Behinderung kann aber auch aus schlechten Erfahrungen in Ihrer Kindheit stammen. Darauf kommen wir später noch einmal zurück.

c. Es ist mir nicht gelungen, den Bezug zu einem persönlichen Gott zu finden.

☞ *Wenn dieses Mißlingen seinen Grund in persönlichen Hemmungen hat, können Ihnen vielleicht die zu b) gegebenen Überlegungen helfen.*
Möglicherweise haben Sie noch ein zu enges Verständnis, was »persönlicher Gott« bedeutet. Gott ist jedenfalls auf ganz andere Weise Person, als wir es sind. Um eine zu menschliche Gottesvorstellung zu korrigieren, kann es durchaus sinnvoll sein, daß Sie sich in der Meditation einem nicht-personalen Gott aussetzen. Achten Sie jedoch darauf, daß Sie sich früher oder später auch wieder der Erfahrung des persönlichen Gottes stellen.

3. Sie sind angeleitet worden, Gott mit Du anzusprechen. Ist Ihnen dieses Du leicht oder schwer gefallen?

A Leicht.

   a. Es war mir altvertraut.

☞ *Das kann eine gute Erfahrung sein; doch eine Gewohnheit ist noch keine Erfahrung! Es wäre schade, wenn Gott nur Ihr Kumpel wäre…*

   b. Es war für mich eine neue, beglückende Erfahrung.

B Schwer.

   a. Ich finde das Du für Gott unpassend.

☞ *Ihr Gespür dafür, wie unangemessen die menschliche Sprache für Gott ist, ist gut. Als Menschen sind wir aber auf die Sprache angewiesen, auch im Reden über und mit Gott. Das Du ist noch einer der am wenigsten unangemessenen Ausdrücke, denn es umfaßt die ganze Spannweite des oben bei Frage 2.b) und c) zur Persönlichkeit Gottes Gesagten.*

   b. Ich möchte nicht in ein so persönliches Verhältnis zu Gott kommen.

☞ *Dieses Gespür für Ehrfurcht Gott gegenüber ist gut. Die Ehrfurcht darf aber nicht zu einer Abschirmung werden, denn Gott selber will, wie die biblischen Lebensgeschichten zeigen konnten, in ein persönliches Verhältnis zu Ihnen kommen.*

c. Von früheren Erfahrungen her mißtraue ich diesem Du.

☞ *Ihr Mißtrauen hat vermutlich seine Ursache in schlechten Erfahrungen im zwischenmenschlichen Bereich; solche Erfahrungen sollten Sie nicht auf Gott projizieren. Fragen Sie sich, ob Ihre angeblich schlechten Erfahrungen mit Gott sich nicht auf ein zu menschliches Gottesbild bezogen, z.B. Gott als Faktotum, Lückenbüßer, Rächer und Richter, Überwachungsinstanz, Gott als neidisch, nachtragend, hinterlistig…*

4. In den Ausdrucks- und Dialogformen der 9. Reihe werden notwendig Gefühle miteingesetzt. Hat Sie das in der meditativen Stille behindert? Oder konnten Sie auch im Gefühl eine tiefe Stille erfahren?
   a. Die Ausdrucksformen haben meine Meditation behindert.

☞ *Die Gefühle haben eine große Bedeutung, auch in der Meditation! Was Sie als unangenehm empfunden haben, legt sich, wenn Sie die Übungen wiederholen. Beginnen Sie dabei mit jenen Übungen, bei denen die Stille ein starkes Gewicht hat, z.B. 9.1 und 9.5. Der Gefühlsdruck, den Sie in der Meditation erleben, wird sich wahrscheinlich legen, wenn Sie Ihren Gefühlen im Alltag mehr Spielraum gewähren.*

b. Die Ausdrucksformen haben meine Meditation vertieft.

5. Haben Sie einige der vorgeschlagenen Übungen über biblische Gestalten gemacht? Wenn nein, warum nicht:
   a. Die Bibel sagt mir nichts.

☞ *Geben Sie die Arbeit mit der Bibel nicht einfach auf. Unser Vorschlag: Gehen Sie die Bibel einmal wie ein Stück Literatur an, achten Sie darauf, wie kurz und farbenreich hier menschliche Schicksale packend erzählt werden. Halten Sie Ihr Herz offen für den Mut, mit dem diese Menschen ihre Geschichte gedeutet haben. Entdecken Sie von da aus die religiöse Erfahrung, die in diesen Geschichten steckt. Sie sind die menschliche wie die göttliche Vorbereitung für die Geschichten von Jesus.*

b. Ich hatte genug mit den andern Übungen zu tun.

☞ *Nehmen Sie sich später die Zeit auch für diese Übungen, denn auch hier haben Sie etwas zu entdecken. Im übrigen: Gott gab die Zeit, von Eile hat er nichts gesagt...*

c. Die Meditation von Geschichten fällt mir schwer.

☞ *Die Meditation von Geschichten setzt viel Vorbereitung voraus, damit Sie die Geschichte in der Meditation selbst nicht mehr aufarbeiten müssen. Durch eine öftere Wiederholung wird der Kern der Geschichte immer deutlicher hervortreten; Sie haben dann nur noch über diesen Kern zu meditieren, wie er sich in der Hauptgestalt der Geschichte abzeichnet.*

6. Sie beschäftigen sich nun seit längerer Zeit mit der religiösen Meditation. Unabhängig davon, ob Sie diese im einzelnen als geglückt oder weniger geglückt einschätzen, werden diese Meditationen Ihr Leben beeinflußt haben. Wie schätzen Sie diesen Einfluß ein?
a. Es hat sich überhaupt nichts verändert.

☞ *Vermutlich haben Sie die Meditationen wie eine Pflicht oder eine Kür absolviert, oder Sie sind zu stark im Intellektuellen geblieben. In allen drei Fällen haben Sie keine Erfahrung wirklich an sich herantreten lassen. Fragen Sie sich, wo Sie – in Ihrer ganzen Meditationserfahrung – gespürt haben, daß eine Erfahrung ans Lebendige gehen wollte. Setzen Sie bei dieser Übung nochmals an und bleiben Sie längere Zeit bei ihr, dann gehen Sie weiter.*

b. Mein Leben hat durch diese Meditationen etwas gewonnen.

c. Es sind große Probleme aufgebrochen.

☞ *Auch das ist ein positives Ergebnis.*
Die Meditation kann zu einer Kraftquelle werden, aber auch Fragen aufbrechen lassen. Solange sich diese beiden Erfahrungen in einem erträglichen Maß die Waage halten, besteht kein Grund zur Beunruhigung. Der Fortgang der Meditation kann die Fragen einer Lösung entgegenführen. Wenn die Fragen für Sie jedoch ein bedrohliches Maß annehmen, raten wir Ihnen zu einem Gespräch mit einer erfahrenen Person (Seelsorger, Therapeut, Beratungsstelle).
Falls sich Ihre Probleme aus dem Schuldbewußtsein vor Gott ergeben, könnten Sie versuchen dieses aufzuarbeiten, indem Sie Übung 7.5 und aus dem 2. Kursband 10.1 und 10.4 wiederholen. Auch hier ist das Gespräch mit einem Seelsorger oder einer Seelsorgerin zu empfehlen.

Meditation und Gebet

Meditation – was unterscheidet sie vom Gebet, oder was verbindet sie mit dem Gebet? Bete ich, wenn ich meditiere? Meditiere ich, wenn ich bete?

Im Rahmen dieses Meditationslehrgangs soll kein weiterer Versuch angeboten werden, Gebet und Meditation theologisch oder psychologisch voneinander abzusetzen, sondern nur ein kurzer Hinweis. Denn es geht ums Üben, und die Praxis hält sich ja selten an die theoretisch erwünschten Nuancen.

Es läßt sich in etwa festhalten: Wer betet, sucht einen Ausdruck (in Worten, Gesten, Symbolen usw.) für das, was in seinem Herzen vorgeht. Er wendet sich Gott zu und erfährt Gott als ein Gegenüber, das sich abwenden oder zuwenden kann, ein Gegenüber, um das er ringt. Der Betende versucht ganz vor Gott zu sein, mit allen Gedanken und Gefühlen. – Wer meditiert, verzichtet je länger je mehr auf einen Ausdruck für das, was in seinem Herzen vorgeht, weil kein Ausdruck dem gerecht wird. Er erfährt Gott als die Mitte der eigenen Mitte, immer schon gegenwärtig und doch nicht verfügbar. Der Meditierende versucht ganz in Gott zu sein, indem er alles, was ihn selber ausmacht, auch seine Gedanken und Gefühle, schließlich unterwandert und losläßt.

Wenn Sie diese Beschreibung überdenken und auf Ihr eigenes Meditieren achten, fällt Ihnen sicher auf, daß sich die beiden Tendenzen in den vorgelegten Übungen oft abgelöst und ergänzt haben, sei es, daß eine Übung mit einem Gebetswort einsetzte und an Stille gewann, sei es, daß die inneren Schritte des Meditierens in ein Wort oder eine Geste des Gebets mündeten. Auch der Bezug zu Gott, den Sie in diesen Meditationen gesucht haben, kann sich in verschiedener Weise ausformen: der uns inwendige Gott überrascht uns wie ein fremdes Gegenüber; Gott, dem wir gegenüberstehen, findet sich in unserer eigenen Mitte.

Sie werden später auch bemerken, daß in den beiden im Band 3, Teil II, vorgeschlagenen Meditationsformen des Abba-Gebets und Jesus-Gebets das einemal der meditative Pol, das anderemal das Gebetsgeschehen akzentuiert wird. Die traditionelle christliche Gebetslehre sieht die Vollendung des Gebets in einer wortlosen Stille, in der Gott allein das Schweigen des Herzens versteht. Sie unterscheidet sich von der reinen Meditation nur noch dem Namen nach.

Verzichten Sie jedenfalls immer darauf, das, was Sie im Gebet oder in der Meditation erleben, zu klassifizieren!

11. Übungsreihe

Worte für Gott
Die Meditation von Psalmworten

Einleitung

Im jüdischen Teil der Bibel gibt es ein Buch, das nur aus Gebeten, aus den sogenannten Psalmen besteht. Diese Gebete stammen aus verschiedenen Jahrhunderten und sind der Form und ihrem Inhalt nach recht unterschiedlich. Die christlichen Kirchen haben diese Gebete übernommen und sie zum Grundbestand des liturgischen Betens gemacht.

Wer unvorbereitet an diese Gebetssammlung herangeht, wird Gebete antreffen, die ihn unmittelbar ansprechen, weil sie für die typischen Situationen des menschlichen Lebens Worte gefunden haben, die über die Jahrhunderte hinweg gültig sind; daneben gibt es aber auch Gebete, die für uns heute nur schwer nachvollziehbar sind, weil uns die kulturellen, politischen oder liturgischen Voraussetzungen dafür fehlen.

Wir möchten Ihnen für Ihre Meditation kleinere und größere Abschnitte dieser Psalmen vorlegen; es ist bewußt eine kleine Auswahl; falls Ihnen die einzelnen Gebetsverse zusagen, können Sie selbständig weitere, für Sie persönlich gültige Psalmen entdecken. Mit den vorgelegten Gebeten ist es Ihnen möglich, Meditationsübungen der vorangegangenen Reihe zu wiederholen und zu vertiefen; mehr als in den früheren Übungen wird Ihr Meditieren den Charakter der Zuwendung zu Gott bekommen.

Die Schritte der Meditation

Lesen Sie zu einem geeigneten Zeitpunkt die im Folgenden abgedruckten Psalmen. Entscheiden Sie selber, welches Gebet für Sie wichtig ist. Wählen Sie dieses Gebet als »Orientierungshilfe« für die nächsten paar Meditationsübungen. Nach etwa vier, fünf Übungen suchen Sie sich den nächsten Psalm aus. Achten Sie darauf, daß Sie sich im Verlauf der nächsten paar Wochen von allen vorgeschlagenen Texten »ins Gebet nehmen« lassen.

Lernen Sie als Vorbereitung auf die Meditation das Gebet auswendig oder schreiben Sie es mit großen, schönen Buchstaben auf ein Blatt, das Sie während der Meditation vor sich hinlegen können.

Halten Sie sich bei den Übungen an die gewohnten Schritte:

– Lassen Sie sich zur Ruhe kommen, indem Sie sich mit Ihrer inneren Aufmerksamkeit auf den Körper, Ihre Sitzhaltung und den Atemfluß einstellen.

– Verweilen Sie in der inneren, gedankenfreien Stille.

– *Wiederholen Sie von Zeit zu Zeit die Gebetsworte, und zwar ganz langsam, die Worte verkostend. Versuchen Sie wahrzunehmen, was diese Worte bei Ihnen auslösen: an Erinnerungen, Gefühlen, Einverständnis, Fragen, Wünschen.*

– Lassen Sie sich immer wieder in die Stille zurück, im Bewußtsein, daß Sie sich jetzt in Gottes Gegenwart befinden, zu Gott sprechen, daß Gott Sie hört.

– Lassen Sie die aufgenommenen Gebetsworte immer einfacher werden.

– Lassen Sie sich gegen Ende der Meditation ganz in die Stille zurück. Schaffen Sie mit Ihrem Schweigen einen Raum, in dem sich die meditierten Gebetsworte wortlos entfalten können.

– Schließen Sie, wenn es Zeit ist, die Übung dadurch, daß Sie Ihre Aufmerksamkeit wieder auf den Atemfluß, auf die Sitzhaltung, auf den ganzen Körper lenken. Vollziehen Sie als erste Bewegung eine kleinere oder größere Verneigung.

Als Abschluß eignen sich verschiedene Vorgehen.

1. Sie können z.B. die schriftlich festgehaltenen Psalmworte an eine günstige Stelle Ihrer Wohnung legen, so daß Sie Ihnen im Laufe des Tages wieder begegnen.

2. Schreiben Sie die Gebetsworte in der vereinfachten Form auf, die sie am Ende der Übung gewonnen haben.

3. Wenn Ihnen der Textausschnitt entsprochen hat, lesen Sie im Buch der Psalmen den entsprechenden Psalm nach und versuchen das ganze Gebet zu erfassen, – oft braucht es dazu allerdings die Hilfe eines Kommentars.

4. Legen Sie sich eine kleine Sammlung an, in der Sie, vielleicht aus ganz verschiedenen Quellen, die für Sie gültigen Gebete zusammentragen.

Falls Ihnen ein Psalm ganz und gar nicht zusagt, brauchen Sie ihn selbstverständlich nicht zu meditieren. Oder meditieren Sie ihn stellvertretend: Suchen Sie in Ihrem Freundeskreis oder unter den Ihnen bekannten Personen nach jemandem, der auf Grund seiner Lebenssituation das entsprechende Gebet gültig zum Ausdruck bringen könnte; meditieren Sie das Gebet »im Auftrag« dieser Person und versuchen Sie wahrzunehmen, was eine solche Meditation in Stellvertretung bei Ihnen bewirkt.

Psalmverse zur Auswahl

11.1 Psalm 131,1-2
Herr!
Ich denke nicht zu hoch von mir,
auf keinen schaue ich herab.
Ich frage nicht nach weitgesteckten Zielen,
die unerreichbar für mich wären.
Nein, still und ruhig ist mein Herz,
so wie ein sattes Kind im Arm der Mutter –
still wie ein solches Kind bin ich geworden.

11.2 Psalm 5,9
Herr, du hast einen Plan für mein Leben;
laß mich ihn erkennen!

11.3 Psalm 16,59
Herr, was ich brauche, du teilst es mir zu;
du hältst mein Los in der Hand.
Mir ist ein schöner Anteil zugefallen;
was du mir zugemessen hast, gefällt mir gut.

Ich preise den Herrn, der mir sagt, was ich tun soll;
auch nachts erinnert mich mein Herz an seinen Rat.
Er ist mir nahe, das ist mir immer bewußt.
Er steht mir zu Seite, darum fühle ich mich sicher.
Ich weiß mich beschützt und geborgen,
darum bin ich voll Freude und Dank.

11.4 Psalm 92,2-3

Herr, es macht Freude, dir zu danken,
dich, den Höchsten, mit Liedern zu preisen,
frühmorgens schon deine Güte zu rühmen
und nachts noch deine Treue zu verkünden.

11.5 Psalm 8,4-7

Ich bestaune den Himmel, den du gemacht hast,
Mond und Sterne auf ihren Bahnen:
Wie klein ist da der Mensch!
Und doch gibst du dich mit ihm ab.
Ja, du hast ihm Macht und Würde verliehen;
es fehlt nicht viel, und er wäre wie du.
Du hast ihn zum Herrscher gemacht über deine Geschöpfe,
alles hast du ihm unterstellt.

11.6 Psalm 139,1-6

Herr, du durchschaust mich,
du kennst mich durch und durch.
Ob ich sitze oder stehe, du weißt es,
du kennst meine Pläne von ferne.
Ob ich tätig bin oder ausruhe, du siehst mich:
jeder Schritt, den ich mache, ist dir bekannt.
Noch ehe ein Wort mir auf die Zunge kommt,
hast du, Herr, es schon gehört.
Von allen Seiten umgibst du mich,
ich bin ganz in deiner Hand.

Daß du mich so vollständig kennst,
das übersteigt meinen Verstand;
es ist mir zu hoch, ich kann es nicht fassen.

11.7 Psalm 139,13-18
Du hast mich geschaffen mit Leib und Geist,
mich zusammengefügt im Schoß meiner Mutter.
Dafür danke ich dir,
es erfüllt mich mit Ehrfurcht.
An mir selber erkenne ich:
alle deine Taten sind Wunder!
Ich war dir nicht verborgen,
als ich im Dunkeln Gestalt annahm,
tief unten im Mutterschoß der Erde.
Du sahst mich schon fertig,
als ich noch ungeformt war.
Im voraus hast du alles aufgeschrieben;
jeder meiner Tage war schon vorgezeichnet,
noch ehe der erste begann.
Wie rätselhaft sind mir deine Gedanken, Gott,
und wie unermeßlich ist ihre Fülle!
Sie sind zahlreicher als der Sand am Meer.
Nächtelang denke ich über dich nach
und komme an kein Ende.

11.8 Psalm 140,13-14
Ich weiß es, Herr:
du trittst für die Unterdrückten ein,
du wirst den Wehrlosen Recht verschaffen.
Alle, die dir die Treue halten
und nach deinem Willen fragen,
werden in deiner Nähe leben und dich preisen.

11.9 Psalm 123,1-2

Ich richte meinen Blick hinauf zu dir,
der du im Himmel wohnst.
Voll Erwartung blicken die Knechte
auf die Hand ihres Hausherrn;
aufmerksam schauen die Augen der Magd
auf die Hand ihrer Herrin.
So blicken wir zu dir, Herr, unser Gott,
bis du uns dein Erbarmen zeigst!

11.10 Psalm 103,1-5

Ich will dem Herrn von ganzem Herzen danken,
den heiligen Gott mit meinem Lied besingen!
Ich will den Herrn mit allen Kräften preisen
und niemals seine Freundlichkeit vergessen!
Er hat mir meine ganze Schuld vergeben,
von aller Krankheit hat er mich geheilt,
dem Grabe hat er mich entrissen
und mich mit Güte und Erbarmen überschüttet.
Durch seine Gaben sorgt er für mein Leben
und schenkt mir neue, jugendliche Kraft,
gleich einem Adler schwinge ich mich auf.

11.11 Psalm 36,6-10

Herr, deine Güte reicht bis an den Himmel
und deine Treue, so weit die Wolken ziehen!
Deine Gerechtigkeit ragt hoch wie die ewigen Berge,
deine Urteile gründen tief wie das Meer.
Du, Herr, hilfst Menschen und Tieren.
Deine Liebe ist unvergleichlich.
Du bist unser Gott, bei dir finden wir Schutz.
Du sättigst uns aus dem Reichtum deines Hauses,
deine Güte erquickt uns wie frisches Wasser.
Du selbst bist die Quelle, die uns Leben schenkt.
Deine Liebe ist die Sonne, von der wir leben.

Literaturverzeichnis

Im folgenden werden aus dem großen Angebot der Meditationsbücher ein paar Werke genannt, die sich eignen, vor allem die religiöse Dimension der Meditation im Sinne der 1.-6. Reihe zu vertiefen. Bücher, die am Ende des ersten Bandes angegeben sind, werden nicht mehr aufgeführt.

Weitere Literatur zur biblischen Meditation finden Sie im Band 3, Teil II.

Antes Peter/Uhde Bernhard: Aufbruch zur Ruhe. Texte und Gedanken über Meditation in Hinduismus, Buddhismus, Islam. Mainz 1974

Bäumer Bettina: Befreiung zum Sein. Auswahl aus den Upanishaden. Zürich, Einsiedeln, Köln 1986

Easwaran Eknath: So öffnet sich das Leben. Acht Schritte der Meditation. Freiburg, Basel, Wien 1981

Geshe Wangyal: Tibetische Meditationen. Zürich 1975

Kadowaki Kakichi: Zen und die Bibel. Ein Erfahrungsbericht aus Japan. Salzburg 1980

Mette Adelheid: Durch Entsagung zum Heil. Eine Anthologie aus der Literatur der Jaina. Zürich 1991

Michaëlle: Beten mit Körper, Seele und Geist. Übungen aus dem Hatha Yoga. Mainz 1979

Schäffer Wilhelm: Christsein mit allen Sinnen. Einübung in die meditative Lebenskunst. Freiburg, Basel, Wien 1990

Scharf Siegfried: Das große Buch der Herzensmeditation. Wort- Meditation, Liebe-Strahlung, Heil-Meditation. Freiburg i.Br. 1979

Schimmel, Annemarie: Mystische Dimensionen des Islam. Aalen 1979

Schreiner Peter: Bhagavad-Gita. Wege und Weisungen. Zürich 1991

Tarthang Tulku: Selbstheilung durch Entspannung. Körper- und Atemübungen, Selbstmassage und Meditationstechniken für jedermann. Die alte Heilkunde der Tibeter für den Westen nutzbar gemacht. Bern und München 1983

Tusch – Kleiner Luitgard: Kontemplation. Ein Übungsbuch. München 1991

Valiuddin Mir: Contemplative Disciplines in Sufism. London, The Hague 1980

Zimmer Heinrich: Der Weg zum Selbst. Lehre und Leben des Shrî Ramana Maharshi. Düsseldorf, Köln 1976